ANNE AOBADIA
Matkärlek

Aus Liebe zum Essen

Gut und natürlich kochen mit LCHF

Expert Fachmedien

Wenn Sie sich mit Zucker, Gluten und minderwertigen Lebensmitteln schlecht fühlen, haben Sie gute Gründe, „Aus Liebe zum Essen" zu Ihrem besten Freund in der Küche zu machen.

ANNE AOBADIA
Matkärlek

Aus Liebe zum Essen

Gut und natürlich kochen mit LCHF

FOTOS EMMA SHEVTZOFF

Expert Fachmedien

Aus Liebe zum Essen

anne.aobadia@gmail.com

Originaltitel: Matkärlek, Pagina Förlag 2014

Fotos: Emma Shevtzoff, emma.shevtzoff@live.se
Gestaltung: Anne Aobadia, anne.aobadia@gmail.com
Original: Kathleen Graphic Design, info@kathleen.se
Druck: Livonia Print, Lettland, 2015
Typografi: HabanoST, Courier, Graphik och QuioscoOne

Expert Fachmedien GmbH, Düsseldorf
ISBN: 978-3-946010-04-3

Freie Übersetzung aus dem Schwedischen:
Margret Ache und Iris Jansen, LCHF Deutschland
Satz: Julia Bobe

Inhaltsverzeichnis

Kochen ist ein Akt der Liebe

D**IES IST EIN BUCH ÜBER ESSEN,** Liebe und Gesundheit. Gefüllt mit wundervollen Gerichten, die kaum Kohlenhydrate enthalten, die für jeden passen, nicht nur für die ewigen JoJo-Abnehmer oder die, die schnell ein paar Kilos abnehmen möchten. Anders ausgedrückt: Das ist kein Diätbuch. Denn ich bin weder Diätassistentin noch Ernährungsberaterin und habe auch keinen Rekord im Abnehmen vorzuweisen. Ich bin eine normale Frau mit einer Passion fürs Kochen und mit großem Interesse an der Gesundheit. Doch dadurch, dass ich meine Ernährung änderte, nahm ich in sechs Monaten acht Kilogramm ab, mein Mann ebenso. In „Aus Liebe zum Essen" sehe ich meine persönliche Version von LCHF (Low Carb High Fat) als Lebensstil. Ich nenne es LCHF 2.0. Eine Ernährung, die dafür sorgt, dass ich mich gut fühle und die meine Gesundheit unterstützt. Daher sind die Rezepte selbstverständlich ohne

- ✓ *Gluten*
- ✓ *Zucker*
- ✓ *Süßstoff*
- ✓ *Zusätze*
- ✓ *Hülsenfrüchte und Soja*

Dies ist auch ein Buch über Lust und Liebe. Denn für mich ist Kochen ein Akt der Liebe. Schön, es mit so vielen Menschen wie nur möglich zu teilen. Wenn Sie sich mit Zucker, Gluten und minderwertigen Lebensmitteln nicht wohlfühlen, haben Sie gute Gründe, „Aus Liebe zum Essen" zu Ihrem besten Freund in der Küche zu machen. Das Buch beinhaltet 101 kohlenhydratreduzierte Rezepte mit Nährwertangaben, Rezepte mit natürlichen Lebensmitteln, für die man nicht den ganzen Tag in der Küche stehen muss. Leckere und einfache Rezepte ohne seltsame Zutaten, die sowohl zu denen passen, die schon LCHF essen, als auch zu denen, die gerade mit einer kohlenhydratreduzierten Ernährung begonnen haben.

ES KANN ETWAS DAUERN UND ZU UNPÄSSLICHKEITEN führen, wenn die Kohlenhydrate eingeschränkt werden. Doch das ist nicht verwunderlich. Wir sind nicht dazu gemacht, Mengen von Zucker, Mehl, Reis und Kartoffeln zu essen, wie es heutzutage viele Menschen praktizieren.

Die meisten Menschen wissen gar nicht, wie gut es ihnen gehen könnte. Sie haben sich nie anders als nach der Lebensmittelpyramide ernährt. Das bedeutet, sowohl morgens, mittags als auch abends jede Menge Kohlenhydrate zu essen.

Meine Ernährungsphilosophie handelt nicht nur davon, Kohlenhydrate zu reduzieren, Fett zu maximieren und gute Eiweiße zu essen, sondern auch davon, Rohstoffe zu nehmen, die keine unnötigen Zusätze enthalten. Am besten sollte saisonal gegessen werden. Lamm und Pilze im Herbst, etwas Wurzelgemüse im Winter, Gemüse im Frühling und Beeren im Sommer.

ICH BIN IN FRANKREICH AUFGEWACHSEN – im gelobten Land der Kochkunst. Meine Mama kochte alles von Grund auf selbst. Sie schmorte stundenlang, legte ein und buk. Sogar unser Ketchup war selbstgemacht. Fertiggerichte konnten wir uns nicht leisten. Als älteste Tochter durfte ich beizeiten in der Küche helfen – und ich liebte es.

Sie fragen sich bestimmt, wie man die französische Küche mit den knusprigen Baguettes aufgeben kann. Zur Erklärung kann ich sagen, dass es mit einem zeitlich begrenzten Experiment begann. Beruflich wollte ich LCHF für drei Monate testen und blieb dann dabei. Das war im Januar 2012, als ich meinen Job bei der Zeitschrift „Mat och Hälsa“ (Ernährung und Gesundheit) anfing, denn der Fokus dieser Zeitschrift lag auf kohlenhydratreduzierter Ernährung. Bis dahin war ich kaum in der Lage, LCHF zu buchstabieren. Dann dachte ich, ein Redakteur sollte das kennen, worüber er schreibt. Also begann ich während eines Auslandsurlaubs mit der Ernährungsumstellung. Ich nahm Abschied von meinem Frühstück mit Haferbrei und setzte stattdessen auf Eier. Auch ließ ich Obst, Brot, Nudeln, Reis, Kartoffeln und andere Lebensmittel mit schnell verdaulichen Kohlenhydraten weg. Das ging unerwartet gut, vor allem in Anbetracht dessen, dass ich jahrelang zwei oder drei Stücke Obst am Tag gegessen und über Jahre einige hundert Liter Blaubeersaft getrunken hatte.

„Es begann als Experiment doch es fesselte mich.“

Das Resultat ließ nicht lange auf sich warten. Ich verlor das Verlangen nach diesen Dingen, die Blutzuckertiefs und den Heißhunger, alles was mich Jahrzehnte verfolgt hatte. Ich erhielt neue Energie und ungeahnte Kräfte. Das fühlte sich wirklich genial an, wenn man bedenkt, dass man nicht jünger wird.

ABER ES WAR GENAU SO, ich habe es nach einigen Wochen gespürt. Ich fühlte mich um 5 bis 10 Jahre jünger und meine Energie blieb auf einem hohen Niveau. Ich bin kein Mensch, der sich auf die faule Haut legt und nahm trotzdem jedes Jahr 1 Kilo zu. Nachdem ich 40 Jahre geworden war, begann ich regelmäßig Sport zu treiben. Ich absolvierte drei bis vier intensive Sporteinheiten pro Woche. Je mehr ich trainierte, umso hungriger wurde ich. Doch dann aß ich nur „gute“ Sachen. Eine Banane vor dem Training, ein „gesundes“ Getränk nach dem Training und manchmal Körnerbrot als

Zwischenmahlzeit. Ganz selten Süßigkeiten, Eis oder Kuchen.

Doch die Waage zeigte stets um die 65 Kilo an – obwohl ich in jungen Jahren immer 55 Kilo bei einer Größe von 1.65 m gewogen hatte. Klar, ich bekam mehr Muskelmasse, eine bessere Haltung, deutlich schönere Haut und hoffentlich stärkere Knochen. Muskeln wiegen mehr als Fett, das hatte ich schon gehört. Doch die ganzen Extrakilos konnten wohl kaum Muskelmasse sein, denn so viel Krafttraining machte ich nicht. Stattdessen kamen die Kilos wohl eher von all dem „Gesunden", das ich aß. Haferbrei zum Frühstück, Obst als Zwischenmahlzeit, Nudeln, Kartoffeln oder Bulgur sowohl zum Mittag- als auch zum Abendessen. Außerdem das eine oder andere selbstgemachte Dessert in der Woche und knusprige selbstgebackene Baguettes zu Festessen.

Zu dieser Zeit wusste ich nicht, dass alle Kohlenhydrate letztendlich in Zucker umgewandelt werden und sich der Überschuss als Fett im Körper ablagert, ganz gleich, wie viel Sport man treibt. Dadurch waren auch meine Extrapfunde entstanden und es war ein richtiges Aha-Erlebnis, als bei mir endlich der Groschen fiel.

„AUS LIEBE ZUM ESSEN" IST KEIN Diätkochbuch mit dem Fokus auf Abnehmen, dazu gibt es genug Bücher. Es ist vielmehr ein Buch für Menschen, die gesünder essen möchten, sich danach sehnen munterer und zufriedener zu sein und ein paar Kilos weniger haben möchten. Doch vor allem ist es ein Buch für diejenigen, die neue Inspiration beim Kochen suchen.

Sport treiben sollten Sie definitiv, davon wird man kräftiger und glücklich. Ich treibe nach wie vor Sport. Wenn Sie allerdings abnehmen möchten, heißt es, (fast) ganz auf Mehl, Zucker, Nudeln, Reis oder Kartoffeln zu verzichten und sparsam bei Wurzelgemüse, Obst und Beeren zu sein.

Bei mir hat es geklappt, ebenso wie bei den meisten Frauen und Männern, die sich entsprechend ernährt haben. Ich selbst vermeide auch sogenannte „LCHF-konforme Süßstoffe" wie Stevia, Birkenzucker und Erythritol, was unter anderem in Sukrin enthalten ist. Vor allem, weil es mir nicht schmeckt. Auch glaube ich, dass man eine schlechte Angewohnheit nicht mit einer anderen tauschen sollte. Eine gute kohlenhydratreduzierte Ernährung beinhaltet natürliches Fett, Fleisch, Fisch, Eier und Gemüse. Das heißt aber nicht, zu viel Fett zu essen. Nehmen Sie ungefähr die gleiche Menge Protein wie früher auf Ihren Teller, allerdings mit gesünderen Beilagen als Kartoffeln. Dazu eine gute, fettreiche, selbstgemachte Sauce und gut schmeckende Beilagen wie Gemüse, das über der Erde wächst. Das enthält weniger Kohlenhydrate.

Die besten gesundheitsfördernden Fette sind Butter, kaltgepresstes Oliven- und Rapsöl und natürlich Kokosöl.

Rote-Bete-Saft

MIT EINEM ENTSAFTER können Sie einen phantastischen Rote-Bete-Saft herstellen, der es Ihnen ermöglicht, mehr Leistung beim Training zu erbringen. Gut gekühlt oder mit Eis servieren.

1 PORTION SAFT

1 kg Rote Bete
½ kg Mohrrüben
1 Apfel
5 cm frischer Ingwer
2 – 3 Limetten
½ l Wasser

Hält 2 – 3 Tage im Kühlschrank!

Kaufen Sie am besten ökologische Waren und Zutaten, die unbehandelt sind und keine unnötigen Zusätze enthalten. Das mag vielleicht selbstverständlich klingen, doch es ist wichtiger, als Sie denken. Lesen Sie am besten die Angaben der Inhaltsstoffe, wenn Sie einkaufen gehen. Je länger diese Listen sind, desto künstlicher ist das Produkt. Aber nicht alle E-Nummern sind gefährlich. E500 (Natriumcarbonat) und E450 (Salze der Diphosphorsäure) sind zum Beispiel in Backpulver zu finden, doch die meisten Zusätze sind unnötig.

> „Ich glaube, dass man eine schlechte Gewohnheit nicht gegen eine andere tauschen sollte."

ICH BEVORZUGE ES, einheimisches Fleisch und ein ganzes, frisches Hähnchen im Geschäft zu kaufen, statt importierter, tiefgekühlter Ware. Im Sommer, wenn die Grillsaison läuft, setze ich auf eigene Kräutermischungen auf Lendenscheiben statt ein fertig gekauftes, mariniertes großes Stück Schweinefleisch. So kann ich selbst bestimmen, wie das gegrillte Fleisch schmecken soll und entgehe außerdem den ganzen Zusätzen, die sich meistens in den fertig marinierten Fleischsaucen befinden. Zu der Zeit, als ich Preiselbeermarmelade aß, kochte ich Preiselbeeren mit Zucker und sie reichten das ganze Jahr hindurch. Heute nehme ich frische oder gefrorene Preiselbeeren und esse sie, wie sie sind. Beeren schmecken mir so viel besser, als wenn sie in Zucker ertränkt werden.

WAS MACHT MAN, wenn man die Art und Weise, wie man isst und kocht, ändern möchte? Mit alten Gewohnheiten zu brechen, die sich seit Kindesbeinen festgesetzt haben, ist nicht einfach. Ein erster Tipp: Nicht sofort alle Gewohnheiten über Bord werfen.

Behalten Sie einige von Ihren Lieblingsgerichten, sonst wird es zu anstrengend, die Ernährungsgewohnheiten umzustellen. Versuchen Sie einfach, die Kohlenhydrate in diesen Speisen zu reduzieren. Sie sollen die Ernährung dauerhaft genießen (also auf lange Sicht). Sie wird ein Teil Ihres neuen Lebensstils. Viel zu viel sitzt in unserem Kopf fest. Auch für normale Esser, die keine Essstörung haben, kann es schwer sein – ja, manchmal sogar unmöglich, umzudenken. Die Macht der Gewohnheit ist groß, besonders bei den Dingen, die wir uns in den Mund stopfen.

WENN SIE DIE ZEITSCHRIFT "Mat & Hälsa" (eine ehemalige schwedische Ernährungs- und Gesundheitszeitschrift) kannten, wird Sie in diesem Buch einiges daran erinnern. Ganz egal, ob sie eine kleine oder große Familie mit Jugendlichen und Kindern haben, ob Sie Anfänger oder Profi in der Küche sind. Ich habe mich bemüht, leicht

Kuchen und Gebäck: Knuspriges Knäckebrot backen Sie selbst. Testen Sie das Rezept auf Seite 138 und sparen Sie nicht mit Butter.

nachkochbare und kurzgefasste Rezepte zusammenzustellen. Saucen und Dips stellen Sie selbst her. Für mein optimiertes LCHF müssen Sie nicht stundenlang eine Brühe kochen. Sie brauchen auch nicht in speziellen Geschäften zwischen den Regalen hin und her springen, um besondere Lebensmittel zu ergattern. Die meisten Zutaten in diesem Buch finden Sie in den Lebensmittelläden in Ihrer Nähe. Mahlzeiten sollten schnell zuzubereitet sein. Es sei denn, es handelt sich um Schmortöpfe, doch auch die kochen alleine, während Sie etwas anderes machen können. Allerdings sollten Sie sich angewöhnen, zu planen, wenn Sie gut essen möchten. Sie werden feststellen, dass Sie nicht mehr so oft wie früher essen. Das liegt daran, dass Sie nun weniger Kohlenhydrate zu sich nehmen. Auch wenn Sie nicht zu den Menschen gehören, die Einkaufslisten schreiben, Wochenpläne aufstellen oder planen, was Sie essen möchten, hoffe ich, dass Sie beginnen, dies zu tun.

DIE GERICHTE in „Aus Liebe zum Essen" lassen sich leicht kombinieren und variieren, ganz nach dem eigenem Geschmack. Die Suppen können als Vorspeise oder Hauptgericht serviert werden. Dips passen zu vielen Gerichten. Wie ich schon anfangs geschrieben habe, ist es nicht zwingend etwas für Sie, wenn Sie eine deutliche Gewichtsabnahme anstreben. Das ist ein Buch für Otto Normalverbraucher. Wir sind alle normale Menschen, doch einige von uns haben etwas mehr Gewicht und Gesundheitsprobleme, Beschwerden und andere chronische Erkrankungen. Dadurch kann es etwas kniffliger sein, die richtige Balance zu finden. Meine Hoffnung ist, dass auch Sie, die Sie übergewichtig sind, eine entspannte Beziehung zum Essen eingehen.

Unabhängig davon, ob Sie beabsichtigen, Ihre Ernährung schnell oder langsam umzustellen, sollten Ihre Lieben mit auf den Zug springen. Zu einer Ernährung mit viel weniger Kohlenhydraten zu wechseln, kann am Anfang beschwerlich sein. Und ich rede da nicht nur von den körperlichen Umstellungsbeschwerden, sondern auch von den rein praktischen. Es ist nicht schön zu kochen, wenn sich die halbe Familie weigert, das Gericht zu essen, weil sie Nudeln, Kartoffeln, Reis und andere Beilagen vermissen. Wenn einer so isst, warum soll sich der Rest der Familie dann nicht auch so ernähren? Wer möchte immer zwei verschiedene Mahlzeiten kochen?

Ich vertrete den Standpunkt, dass das gekocht werden soll, was alle gerne essen. Natürlich kann es sein, dass der eine oder andere Kartoffeln vermisst, wenn gerösteter Rosenkohl zu Estragonkoteletts serviert wird (siehe Seite 79). Doch geben Sie nicht auf.

Wenn Sie zum ersten Mal zur Schokoladenmousse von Seite 125 einladen, kann es sein, dass jemand sagt: „Gewöhnlicher Schokoladenpudding aus der Tüte schmeckt viel besser". Natürlich hängt das damit zusammen, dass keiner darüber nachdenkt, dass die Mousse aus der Tüte Zucker enthält. Man gewöhnt sich daran. Je weniger Zucker wir konsumieren, desto feiner wird unser Geschmackssinn.

„Weg mit den Kartoffeln, her mit dem Weißkohl."

NUN ZUM PRAKTISCHEN! Einige Lebensmittel wie Mehl, Zucker, Reis und Nudeln können direkt aus der Küche verbannt werden. Doch nicht alle möchten direkt „klar Schiff" machen. Und das ist in Ordnung.

Gleichzeitig denke ich, dass neue Essgewohnheiten nicht erzwungen werden sollten, wenn sie zu viel Kraft und Energie kosten. Wenn Sie die Finger nicht von Lebensmitteln wie Marmelade, Schokolade oder Frühstücksflocken lassen können, Sie die aber zu Hause haben, dann ist es besser, sie wegzugeben. Ansonsten können Sie schrittweise vorgehen.

Einsortieren und aussortieren. Verabschieden Sie sich von allen Grundlebensmitteln mit zu vielen Kohlenhydraten und ersetzen Sie diese durch bessere Produkte. Nach dem Modell: Weg mit den Kartoffeln, her mit dem Weißkohl. Bei uns zuhause standen nach wie vor Lebensmittel mit vielen Kohlenhydraten im Schrank. Aber ich habe mir nebenan einen LCHF-Schrank eingerichtet. Mit Samen, Nüssen, Kokosfett und Mandeln, ebenso Nussmehlen, Flohsamenschalen, Kartoffelfasern und anderen tollen Lebensmitteln, die nur wenige Kohlenhydrate enthalten. Auf Seite 158 lesen Sie mehr über gute Grundnahrungsmittel. So nach und nach erfolgte eine natürliche Auslese. Lebensmittel wurden alt und aus dem Schrank geworfen. Andere Lebensmittel gingen zur Neige und wurden nicht nachgekauft.

Legen Sie sich Butter, Eier, Käse, fettreiche Molkereiprodukte und vor allem viel Gemüse in den Kühlschrank. Sorgen Sie dafür, dass Sie Zwiebeln, Lauch, Knoblauch, verschiedene Kohlsorten, Paprika und vereinzelt auch Wurzelgemüse wie Rote Bete und Sellerie vorrätig haben. Aber auch grüne Salate, Spinat, Rucola, Stangensellerie, Gurken, Tomaten, Avocado, Zitronen, Limetten, frischer Ingwer, Chili, Petersilie und andere frische Kräuter sollten Grundnahrungsmittel sein.

"AUS LIEBE ZUM ESSEN" IST EINE HERRLICHE Rezeptsammlung französischer, südländischer und schwedischer Hausmannskost. Ein paar asiatische Rezepte sind ebenfalls dabei. Wenn Sie allerdings nach einem Rezept suchen, das genau wie eine übliche Pizza schmeckt und Sie probieren die ersten Bissen, dann werden Sie enttäuscht sein. Das gleiche gilt auch, wenn Sie sich wie ein Krümelmonster auf den Kuchen stürzen. Ich habe keine Nachbauten geschaffen.

Wenn man keine Kartoffeln isst, dann finden Sie mindestens zehn verschiedene Kohlsorten in den Lebensmittelgeschäften, unter denen Sie stattdessen wählen können. Und Dutzende anderer Gemüsesorten, die über der Erde wachsen und voll von Ballaststoffen, Vitaminen und Antioxidantien sind und die es verdienen, gekocht zu werden, so dass der besondere Charakter dieser Gemüsesorten hervorgehoben wird. Es war eigentlich überraschend, dass ich ein Kochbuch schreiben wollte. Denn ich bin ja keine Köchin. Ich bin Journalistin und ich besitze nur ein paar Kochbücher, die ich ziemlich selten nutze. Wenn ich gegen meine Gewohnheit mal ein Rezept nachschlage, verändere ich es immer. Etwas mehr Butter, etwas weniger Sahne. Manchmal tausche ich die Zutaten aus Mangel (weil ich sie nicht zu Hause habe), manchmal aus Lust (ich möchte kein Curry und nehme lieber Safran).

Jetzt habe ich ein Kochbuch geschrieben, mit vielfach ausprobierten Rezepten, die alle in meiner Küche fotografiert wurden. Sie brauchen meine Rezepte natürlich nicht ganz genau nachkochen. Machen Sie es wie ich! Nehmen Sie sich Ihre persönlichen Freiheiten. Kochen Sie nach Ihrem Geschmack und hören Sie auf Ihren Körper.

Viel Glück!

ACHTUNG! Meine Rezepte haben eine Berechnung der Nährwerte. Sie können die Verteilung zwischen Protein, Fett und Kohlenhydrate einer Einzelportion oder einer Gesamtportion nachsehen. Auch habe ich Rezepte ohne Milch markiert, als Orientierung für alle, die keine Laktose vertragen.

E 381 | P 9 | F 37 | K 3 | M

E: Energie (Kcal) **P:** Protein (g) **F:** Fett (g)
K: Kohlenhydrate (g) **M:** Milchfrei

Klein aber fein

EINE KLEINIGKEIT VOR DEM ESSEN ist manchmal angebracht, um den ersten Hunger zu stillen. Hier sind vier kleine Mahlzeiten, die gut als Snack dienen und die man vor dem Essen knabbern kann. Es sind Kleinigkeiten, die gut im Stehen mit den Fingern gegessen werden können, wenn man bei den letzten Vorbereitungen ist. Sei es beim Tisch decken oder bei einem Glas vor dem Essen. Fingerfood, mit dem gewissen Extra, das so gut mundet, wenn man hungrig ist. Die würzigen Mandeln, die Chèvrescheiben oder die Lachsschnittchen benötigen nur ein paar Minuten für die Zubereitung, bieten aber viel Geschmack. Das gleiche Prinzip gilt für die kalte Platte. Kleine Köstlichkeiten in perfekter Harmonie. Deutlich gesündere Snacks als Chips und Erdnüsse. Guten Appetit!

Recycling-Glas! Vor einer Kennenlern-Party war ich auf diversen Flohmärkten und kaufte Gläser für einige Kronen das Stück. So ist es viel schöner als mit Plastikgläsern.

Kräutermandeln

E 1347 · P 40 · F 118 · K 27 · M

GESAMTPORTION

200 g Mandeln

2 TL Sambal Oelek

½ TL Salz

1 TL Kreuzkümmel

1 TL Kokos- oder kalt gepresstes Rapsöl

GUT SCHMECKENDE MANDELN AUS DEN GESCHÄFTEN enthalten fast alle Geschmacksverstärker und sind zudem noch teurer als natürliche Nüsse. Diese Mandeln werden bei uns zu Hause so schnell gegessen, wie Butter in der Sonne schmilzt.

1. Das Öl vorsichtig in einer Pfanne erwärmen. Die Mandeln und die Kräuter hineinlegen.
2. Ein paar Minuten rühren bis die Mandeln eine schöne Farbe bekommen haben. Doch bitte vorsichtig sein, denn sowohl die Mandeln, als auch die Kräuter sind sehr hitzeempfindlich und können leicht anbrennen.

Extra: Probieren Sie gerne andere Gewürze als Kreuzkümmel. Warum nicht mal Curry mit Haselnüssen?

Chèvrescheiben

mit Parmaschinken und Basilikum

E 95 · P 65 · F 76 · K 4 · M

10 STÜCK

5 dünne Scheiben luftgetrockneter Parmaschinken, etwa 75 g

1 Ziegenkäserolle, 200 g

8 Basilikumblätter

1 – 2 TL Olivenöl oder Butter zum Anbraten

WIR FANDEN EINE KLEINE ROLLE Ziegenkäse und tollen luftgetrockneten Schinken im Kühlschrank, als wir mit guten Freunden ein Wochenende in Mölle verbrachten. Flugs erfanden wir die Chèvrescheiben.

1. Schneiden Sie die Kanten von der Ziegenkäserolle ab. Danach die Rolle in 10 Scheiben schneiden.
2. Die Schinkenscheiben mit einem scharfen Messer halbieren. Legen Sie eine Scheibe Basilikum auf jede Scheibe Ziegenkäse. Danach schlagen Sie den Ziegenkäse in den Schinken ein.
3. Bei mittlerer Wärme in Olivenöl oder Butter braten. Ein paar Minuten von jeder Seite oder bis der Käse ebenfalls innen lauwarm geworden ist.

Geschirr: Eine alte Glasschale auf einem Fuß aus gepresstem Glas mit schönen Sektgläsern.

E 492 · P 16 · F 47 · K 2

1 PORTION

3 Stücke Käse à 25 g
marinierte Oliven
einige Scheiben Salami
1 TL Buttermischung

Extra: Wenn Sie es zeitlich nicht schaffen, die Käsecreme zu dem Lachs selbst zu machen, können Sie gerne Cantadoukäse oder französischen Boursin nehmen.

Kalte Platte

mit Käse und anderen Köstlichkeiten

NEHMEN SIE DEN KÄSE mindestens eine Stunde vor dem Servieren aus dem Kühlschrank, so entfaltet er seinen ganzen Geschmack.

1. Bereiten Sie Ihre eigene Buttermischung zu: Mixen Sie 50 g weiche Butter mit 1 TL Olivenöl und einer gehackten, eingelegten sonnengetrockneten Tomate.
2. Sie können die Tomate auch gegen entsteinte Kalamata-Oliven, Sardellen oder frisch gehackte Kräuter tauschen.
3. Servieren Sie die kalte Platte mit dem Körnerknäckebrot von Seite 138.

E 300 · P 9 · F 24 · K 3

8 CANAPÉS

4 Scheiben LCHF-Brot oder 8 Stücke Körnerknäckebrot
100 g in Scheiben geschnittener Graved Lachs oder geräucherter Lachs
frischer Dill oder Pesto

KRÄUTERKÄSECREME

100 g Frischkäse
50 g türkischer Joghurt
2 EL Pesto
Salz und Pfeffer

Lachscanapés

mit Kräuterkäsecreme

DIE LACHSCANAPÉS EIGNEN SICH SEHR GUT als Fingerfood, wenn ein Fest mit vielen Gästen ansteht und wir zu etwas Einfachem mit viel Geschmack einladen möchten.

1. Rühren Sie alle Zutaten für die Käsecreme zusammen. Mit Salz und Pfeffer abschmecken.
2. Nehmen Sie acht Stücke Körnerknäckebrot oder vier Scheiben LCHF-Brot und streichen Sie großzügig die Käsecreme darauf. Nun teilen Sie jede Brotscheibe so, dass je zwei Dreiecke entstehen.
3. Legen Sie auf jedes Stück eine halbe Scheibe Lachs, etwas Dill, andere frische Kräuter oder ein wenig Pesto.

TIPP: Die Rezepte für das Brot und das Knäckebrot finden Sie auf Seite 138.

Das Porzellanbrett: Das gemusterte Brett aus Porzellan mit einem Motiv unten und einem kleinen Teller ist von Arabia.

Dips & Saucen

ES SIND DIE DIPS UND SAUCEN, die den Unterschied machen. Sie können das beste Stück Fleisch braten und dazu schnell die frischesten Salate und Gemüse zubereiten – wenn die Sauce oder das Dressing nicht gut schmecken, dann ist die ganze Mahlzeit eine Enttäuschung. Es ist viel einfacher, eine gute Sauce/einen guten Dip hinzubekommen, als viele denken. Probieren Sie es aus. Die richtige Mischung aus fett, sauer und salzig bringt die Geschmacksknospen zum Jubeln. Dips bereite ich stets selbst zu, genau wie Mayonnaise, Kräuterbutter und die eine oder andere Sahnesauce. Die Mayonnaisen sind ein eigenes Kapitel wert. Nicht, weil es schwer, kompliziert oder zeitaufwendig ist, eine eigene Mayonnaise herzustellen, sondern weil sie die einfachste, beste und natürlichste Sauce für diejenigen ist, die nur wenige Kohlenhydrate essen. Doch wählen Sie dafür ein gutes Öl mit einem neutralen Geschmack. Vor einigen Jahren erntete ich einmal große Bewunderung bei einem Freund, als ich bei unserem ersten Treffen zum Abendessen eine Aioli zauberte. Er hatte mit einem Lammsteak einen Volltreffer gelandet, doch leider vergessen, eine Sauce zu machen. Zu der Zeit verrührte ich Eigelb, Senf und Öl immer vorsichtig per Hand. Jetzt bin ich es leid, das Eiweiß zu entsorgen und nehme immer das ganze Ei, um die Mayonnaise zu binden. Auch arbeite ich heute mit einem Stabmixer. Ab Seite 33 finden Sie sieben verschiedene Mayonnaise-Rezepte. Es gibt absolut keinen Grund, Fertigsaucen zu kaufen, vor allem, wenn Sie unnötige Zusätze und Zucker vermeiden möchten. Wenn Sie sich durch das Kapitel gearbeitet haben, hoffe ich, dass Sie genügend eigene Lieblingssaucen gefunden haben.

E 1250 · P 3 · F 137 · K 4 · M

GESAMTPORTION

2 große Knoblauchzehen oder eine ½ Knoblauchzwiebel

1 Topf Basilikum

100 - 150 ml Olivenöl oder kaltgepresstes Rapsöl

½ TL Salz

1 Prise schwarzer Pfeffer

Extra: Die Tapenade kann leicht zu einer Sauce für Salate und kaltes oder warmes Gemüse umgewandelt werden. Verdünnen Sie einfach die fertige Tapenade, indem Sie weiteres Öl oder Wasser und 2 EL Zitronensaft hinzugeben. Feingehackte Blattpetersilie sorgt für gesundes Vitamin-C und Eisen. Das schmeckt besonders gut zu gekochtem Fisch. Nehmen Sie keine gewöhnlichen schwarzen Oliven, denn das sind meistens nur gefärbte grüne Oliven und schmecken alles andere als gut.

Einfaches Pesto

EIGENTLICH IST dies ja kein Pesto, sondern ein Kräuter- und Knoblauchöl. Ich habe auch keine Pinienkerne und keinen Parmesankäse genommen. Hauptsächlich weil ich finde, dass das Pesto auf diese Art und Weise besser anzuwenden ist. Vor allem in Salaten, Tomatensaucen, Dips, Eintöpfen und Suppen. Das Pesto ist in vielen Gerichten zu finden – siehe Seite 47 und 103.

1. Schälen Sie den Knoblauch, hacken ihn grob und legen ihn in einen Becher. Geben Sie die übrigen Zutaten hinzu.
2. Mit einem Stabmixer mixen Sie die Masse bis zur gewünschten Konsistenz.

TIPP: Probieren Sie verschiedene frische Kräuter aus, zum Beispiel Petersilie, Majoran oder auch etwas Dill. Manchmal nehme ich auch etwas Rucola dazu, um eine etwas dunklere Farbe und mehr Geschmack zu bekommen. Das Pesto hält mindestens vier Tage im Kühlschrank und kann auch in kleinen Portionen eingefroren werden. Dazu können Sie gut Eisbeutel oder kleine Gläser verwenden. Geben Sie das gefrorene Pesto kurz vor dem Servieren in einen warmen Eintopf, dann schmeckt es so, als hätten Sie frische Kräuter benutzt.

E 893 · P 14 · F 89 · K 8 · M

GESAMTPORTION

1 Dose entsteinte Kalamata Oliven

50 ml Olivenöl

1 kleine Dose Sardellen

2 große Knoblauchzehen

1 Prise schwarzer Pfeffer

Tapenade

DIESE WUNDERBARE OLIVENTAPENADE ist auf genauso viele Arten anzuwenden, wie es Köche gibt. Sie liefert Eintöpfen und Saucen mit vielen Tomaten mehr Geschmack. Sie ist auch als Brotaufstrich geeignet und als Dip für knackiges Gemüse – sowohl für rohes als auch für gedämpftes.

1. Geben Sie alle Zutaten in einen Becher.
2. Mit einem Stabmixer mixen Sie die Masse bis zur gewünschten Konsistenz.

Das Geschirr: Ein einfaches Glas auf einem Brett aus schwarzer Eiche.

Ajvar Relish

E 688 · P 13 · F 43 · K 50 · M

GESAMTPORTION

- 1 Aubergine
- 2 rote Paprika
- 2 rote Chilischoten
- 2 Knoblauchzehen
- 50 ml Weinessig
- ½ TL Salz
- ¼ TL Pfeffer
- 1 TL Paprikapulver
- 3 EL Olivenöl

ICH LIEBE AJVAR Relish. Das werden Sie schnell bemerken. Als ich mir die Zutatenliste meines Lieblingsrelish im Geschäft ansah, stellte ich fest, dass es sowohl Zucker als auch modifizierte Stärke enthält. Deswegen habe ich meine eigene Variante kreiert.

1. Die Auberginen der Länge nach teilen und die Paprika entkernen. Das Gemüse auf ein mit Backpapier ausgelegtes Blech legen. Im Ofen bei 225 Grad solange rösten, bis die Paprikahaut teilweise etwas schwarz ist.
2. Die Paprika enthäuten und das Fruchtfleisch aus der Aubergine lösen. Danach alles in kleine Stücke schneiden.
3. Die Chilischoten in Scheiben schneiden und den Knoblauch klein hacken. Alles zusammen in einem Esslöffel Olivenöl braten. Die Auberginen- und Paprikastücke dazugeben und alles einige Minuten brutzeln lassen.
4. Die Mischung mit dem Essig in einen Becher geben und mixen. Die Gewürze und das restliche Olivenöl dazugeben. Abkühlen lassen.

TIPP: Ajvar hält in einem Glas mit Deckel im Kühlschrank knapp zwei Wochen, eignet sich auch gut zum Einfrieren.

Festo

E 892 · P 23 · F 83 · K 8 · M

GESAMTPORTION

- 150 g Fetakäse
- 50 ml Olivenöl
- 30 g feingehackte Petersilie
- 1 Prise Salz
- 1 Prise Pfeffer

EIN SCHLECHTER NAME* FÜR EINEN HIMMLISCH GUTEN Dip, den ich vor Kurzem gemacht habe und der sich bestens dazu eignet, einer ziemlich milden und mageren Gemüsesuppe den letzten Schliff zu geben – siehe die Paprikasuppe auf Seite 86.

1. Krümeln Sie den Fetakäse oder reiben Sie ihn auf der groben Seite einer Reibe.
2. Vermischen Sie den Fetakäse mit allen anderen Zutaten und schmecken Sie mit Salz und Pfeffer ab.

** (wie Fetakäse in Pesto)*

Geschirr: Eine ältere kleine Schüssel in blutendem blau. (Gustavsberg)

E 1671 · P 2 · F 185 · K 7 · M

GESAMTPORTION

1 kleine Knoblauchzehe

200 ml gutes, kaltgepresstes Raps- oder Olivenöl

2 TL Weinessig

1 TL Dijonsenf

1/2 TL Salz

1 Prise frisch gemahlener Pfeffer

1 Prise Oregano

1 Prise Paprika oder Chilipulver

Vinaigrette

HABEN SIE IMMER EINE FLASCHE Vinaigrette im Kühlschrank stehen. Mit der Vinaigrette geben Sie einem schmackhaften Salat den letzten Kick.

1. Pellen Sie die Knoblauchzehe und zerdrücken Sie diese mit der flachen Seite eines Messers oder mit einem Mörtel.
2. Legen Sie die zerdrückte Knoblauchzehe in eine Flasche und geben Sie alle anderen Zutaten dazu. Verschließen Sie die Flasche mit einem Korken und schütteln Sie sie gut durch. Die Vinaigrette hält genau eine Woche im Kühlschrank.

E 1150 · P 4 · F 92 · K 3

GESAMTPORTION

100 ml Bratensauce, evtl. mit Wasser verdünnt

100 g Frischkäse

200 ml Sahne oder 200 g Crème fraîche

1 TL Aroma, zum Beispiel in Form von ungesüßtem Senf, Tomatenmark, Pesto oder Ajvar

Gewürze nach Geschmack

Einfache Sahnesauce

WENN SIE EINE GUTE Sahnesauce machen möchten, ist es am einfachsten als Grundlage eine Bratensauce zu nehmen, bevorzugt von selbstgebratenem Fleisch. Immer wenn Sie Fleisch in einer Bratpfanne oder im Ofen zubereitet haben, sollten Sie den Bratensatz aufbewahren.

1. Falls nötig, lassen Sie die Bratensauce durch ein feines Sieb laufen. Bei Bedarf geben Sie etwas mehr Wasser oder Frischkäse dazu. Danach fügen Sie die Sahne oder die Crème fraîche hinzu.
2. Geben Sie nun das Aroma dazu und lassen Sie alles eine Weile köcheln, bis die Sauce die erwünschte Konsistenz erreicht hat.

TIPP: Falls Sie gerade keine Bratensauce haben, können Sie etwas feingehackte Zwiebeln brutzeln oder frische Kräuter nach Wahl. Geben Sie einen Schuss Rot- oder Weißwein oder Zitronensaft hinzu, eventuell auch etwas Wasser und kochen alles auf. Danach folgen Sie dem Rezept wie oben.

Geschirr: Salatschale: „Koka Blå", Design von Hertha Bengtsson (Rörstrand) und die kleine Schale „Galejan": Design von Margareta Hennix (Gustavsberg, 1967).

1 TEASPOON
1/4 TEAS
1 TABLESPOON

Mayonnaise

Das einfachste Grundrezept

EIGENE MAYONNAISE ist garantiert frei von Zusätzen, preiswert und schlägt alle Gekauften um Längen. Außerdem ist sie mindestens fünf Tage im Kühlschrank haltbar. Die Zutaten – Eier, Senf und ein gutes neutrales Rapsöl, haben Sie sicherlich im Haus.

1. Nehmen Sie das Ei und den Senf eine Weile vor der Zubereitung aus dem Kühlschrank, so bekommen sie Zimmertemperatur.
2. Mixen Sie das Ei und den Senf mit einem Stabmixer (oder einem elektrischen Mixer) und geben Sie das Öl langsam, in einem dünnen Strahl, hinzu. Die Masse wird schnell zu Mayonnaise, doch mixen Sie kontinuierlich weiter, bis das ganze Öl verbraucht und die Mayonnaise fest ist.
3. Geben Sie nun den Weinessig oder den Zitronensaft dazu. Mixen Sie weiter und geben Sie Salz und Pfeffer nach Geschmack hinzu, bei Bedarf auch gerne noch etwas Essig oder Zitronensaft.
4. Lassen Sie die Mayonnaise vor dem Servieren eine Weile im Kühlschrank ruhen. Der Geschmack entwickelt sich erst nach einer Weile und die Mayonnaise dickt noch etwas nach.

TIPP: Nehmen Sie Zitronensaft oder Weißweinessig, wenn Sie die Mayonnaise zu Fisch oder Schalentieren servieren. Zu Roastbeef oder anderem Aufschnitt nehmen Sie Rotweinessig, jedoch am besten keinen roten Balsamicoessig. Der ist oft gezuckert und eingefärbt, so dass sich die Mayonnaise ebenfalls verfärbt.

Swing it! Die beste Mayonnaise schlagen Sie am besten selbst.

E 1176 | P 8 | F 191 | K 2 | M

GESAMTPORTION

1 Ei

1 EL Dijonsenf

200 ml neutrales Rapsöl

1 – 2 TL Weinessig oder 2 TL Zitronensaft

Salz und Pfeffer

Extra! Schon als kleines Kind lernte ich von meiner Mutter, dass ein Eigelb einen ganzen Liter Öl binden kann. Mit anderen Worten: Wenn Sie eine größere Portion machen möchten, brauchen Sie nur die Menge Öl auf 400, 600 oder mehr ml zu erhöhen. Doch denken Sie dann daran, mehr Senf, Kräuter und Säure zu nehmen.

E 1750 | P 9 | F 191 | K 6 | M

GESAMTPORTION

1 Gesamtportion Mayonnaise

3 feingehackte Knoblauchzehen

Extra! Je nachdem wie viele Gäste am Esstisch sitzen, benötigen Sie nur die Hälfte des Grundrezeptes der Mayonnaise. Nehmen Sie dann bitte entsprechend weniger von den anderen Zutaten.

1. Aioli

AIOLI IST EINE KLASSISCHE Zutat, die jede mittelmäßige Fischsuppe aufwertet. Auch passt sie perfekt zu Meeresfrüchten und frisch gekochten Garnelen und Krabben. Schmeckt auch sehr gut zu Kalbfleisch, Lammsteak und geräuchertem Lammschinken.

1. Stellen Sie die Mayonnaise nach dem Grundrezept von Seite 33 her, doch nur bis zur Zugabe des Zitronensafts/Essigs. Nehmen Sie gerne nur einen Teelöffel Senf und vielleicht lieber eine Hälfte Olivenöl und eine Hälfte Rapsöl.
2. Geben Sie den Knoblauch hinzu und mixen sie alles etwas. Mit Salz und Pfeffer abschmecken.

TIPP: Wenn Sie Safran mögen, geben Sie 1/2 g echten Safran oder nach Geschmack etwas mehr, zusammen mit dem Knoblauch dazu.

E 1859 | P 13 | F 201 | K 7

GESAMTPORTION

1 Gesamtportion Mayonnaise

1 feingehackte Knoblauchzehe

1/2 EL Harissa (Tube)

frischer Koriander

100 – 200 g Joghurt (wahlfrei)

2. Harissa

HARISSA IST GANZ KLAR eine unterschätzte Chilisauce mit Knoblauch, die sehr viel in Tunesien, Algerien und Marokko verwendet wird. Zusammen mit frischem Koriander ergibt es einen besonders guten Geschmack, der zu gegrillten Lammkoteletts, aber auch zu dem indischen Römertopf auf Seite 66 passt.

1. Stellen Sie die Mayonnaise nach dem Grundrezept von Seite 33 her, doch nur bis zur Zugabe des Zitronensafts/Essigs.
2. Geben Sie nach Geschmack Knoblauch, Harissa und Koriander dazu. Mixen Sie alles.
3. Möchten Sie die Sauce etwas ergiebiger und milder machen, können Sie Joghurt dazugeben. Schmecken Sie mit Salz und Pfeffer ab.

TIPP: Nicht alle mögen Koriander, dann können Sie Petersilie oder ein anderes frisches Kraut nehmen.

Geschirr: Eierbecher und Miniaschenbecher aus den 60er Jahren.

E 1989 | P 12 | F 214 | K 11 | M

GESAMTPORTION

1 Gesamtportion Mayonnaise

1 reife Avocado

2 TL Zitronensaft

1 feingehackte Knoblauchzehe

½ Topf Majoran oder andere frische Kräuter

Salz, Pfeffer

3. Avocadomayonnaise

AVOCADOMAYONNNAISE passt super zu Salaten, Blumenkohl, Kassler und geräuchertem Schinken oder Pute.

1. Stellen Sie die Mayonnaise nach dem Grundrezept von Seite 33 her, doch nur bis zur Zugabe des Zitronensafts/Essigs.
2. Teilen Sie die Avocado, nehmen Sie das Fruchtfleisch heraus und vermengen Sie es mit der Mayonnaise. Geben Sie den Zitronensaft, die Knoblauchzehe und die Kräuter dazu.
3. Mixen Sie die Masse kurz. Geben Sie etwas Wasser hinzu bis die Mayonnaise die richtige Konsistenz hat. Mit Salz und Pfeffer abschmecken.

E 2097 | P 18 | F 223 | K 11 | M

GESAMTPORTION

1 Gesamtportion Mayonnaise

2 – 3 sonnengetrocknete Tomaten in Öl

1 – 2 EL Pesto (Seite 26)

4. Tomate und Pesto

PASST BESONDERS GUT zu gegrilltem Hähnchen und Schweinefleisch, zum Beispiel Karree, Kotelett und Filet. Ebenso gut zu einem einfachen Hamburger und es passt bestens zu gegrilltem Gemüse wie Paprika, Zucchini und frischen Zwiebeln.

1. Stellen Sie die Mayonnaise nach dem Grundrezept her, doch nur bis zur Zugabe des Zitronensafts/Essigs.
2. Schneiden Sie die Tomaten in kleine Stücke und geben Sie sie in die Mayonnaise. Geben Sie das Pesto hinzu und mixen so lange, bis die Tomaten gut verteilt sind.
3. Schmecken Sie mit Salz und Pfeffer ab.

TIPP: Das Pesto kann durch 8 frische Basilikumblätter und eine feingehackte Knoblauchzehe ersetzt werden. Die Tomaten können durch etwas Tomatenmark oder Chilisauce ausgetauscht werden.

5. Grüne Sauce

E 2668 · P 28 · F 280 · K 19

EINE RICHTIG GUTE SAUCE zu gebratenem oder im Ofen zubereitetem Lachs. Siehe den Pestolachs auf Seite 47.

GESAMTPORTION

- 1 Gesamtportion Mayonnaise
- 50 – 100 g Pesto
- 100 – 200 g Joghurt oder Sauerrahm

1. Stellen Sie die Mayonnaise nach dem Grundrezept her, doch nur bis zur Zugabe des Zitronensafts/Essigs.
2. Geben Sie das Pesto und den Joghurt/Sauerrahm hinzu. Mit Salz und Pfeffer abschmecken.

6. Remoulade

E 1758 · P 10 · F 191 · K 6 · M

RICHTIG GUT zu gebratenem Fisch, Roastbeef und zu Krabbenomelett.

GESAMTPORTION

- 1 Gesamtportion Mayonnaise
- 3 – 4 Cornichons oder 1 Salzgurke
- 1 – 2 TL rote Currypaste oder 1 TL Currypulver und 1 TL Sambal Oelek

1. Stellen Sie die Mayonnaise nach dem Grundrezept her, doch nur bis zur Zugabe des Zitronensafts/Essigs.
2. Schneiden Sie die Gurken in ganz kleine Stückchen und vermischen Sie diese mit der Mayonnaise. Danach geben Sie die Currypaste hinzu. Mit Salz und Pfeffer abschmecken.

TIPP: Die Cornichons sind kleine, eingelegte französische Gurken und enthalten weniger Zucker als deutsche eingelegte Gurken.

7. Limettenmayonnaise

E 1752 · P 9 · F 191 · K 7 · M

EINE GESUNDE und frische Sauce, die zu Fisch passt, zum Beispiel zu den Lachsfleischklößchen auf Seite 44.

GESAMTPORTION

- 1 Gesamtportion Mayonnaise
- 1 Limette, Saft und Schale
- 1 feingehackte Knoblauchzehe (wahlweise)

1. Stellen Sie die Mayonnaise nach dem Grundrezept her, doch nur bis zur Zugabe des Zitronensafts/Essigs.
2. Geben Sie die Limette und den Knoblauch hinzu. Schmecken Sie mit Salz und Pfeffer ab, bei Bedarf geben Sie noch etwas mehr Limettensaft hinzu.

1
5
6
7
3
ROSTFRI

2
4
8
ROSTFRI
ROSTFRI

E 860 | P 1 | F 95 | K 4

1 GESAMTPORTION

100 g Butter

1 – 2 Knoblauchzehen

Meersalz

Pfeffer

1 EL kaltgepresstes Oliven- oder Rapsöl

1 TL Zitronensaft oder Weißweinessig

Kräuterbutter

BUTTER UND KRÄUTER SIND wie füreinander geschaffen, denn Fett ist ein fantastischer Geschmacksverstärker. Nehmen Sie ein Stück weiche Butter und mischen Sie sie mit Zutaten Ihrer Wahl. Das Grundrezept enthält Butter, Salz, Pfeffer, mehr oder weniger Knoblauch, Zitronensaft und etwas Öl.

1. Die Knoblauchzehe fein hacken. Vermischen Sie die Butter und den Knoblauch mit einer Gabel. Nehmen Sie einen Mixer, wenn Sie eine große Portion machen. Doch seien Sie bitte vorsichtig, sonst wird die Butter zu warm.
2. Geben Sie die übrigen Zutaten hinzu und vermengen alles gut.
3. Formen Sie eine Rolle mit Hilfe von Folie oder Backpapier. Packen Sie die Butter ein und stellen Sie sie für mindestens eine Stunde in den Kühlschrank.

1. Der Klassiker

BEURRE CAFÉ DE PARIS ist ein Klassiker, der nach dem Originalrezept ungefähr 20 Zutaten beinhaltet. Es sind jedoch hauptsächlich Petersilie, Sardellen und etwas Schnaps – Kognak oder Madeira – die den Geschmack beeinflussen. Mit feingehackter Petersilie, vielleicht etwas Estragon, Zitrone und 1 TL Dijonsenf kommen Sie diesem Geschmack schon ziemlich nahe.

2. Provence

FERTIGE OLIVENCREME oder selbstgemachte Tapenade gibt der Kräuterbutter einen schönen Geschmack und eine cremige Konsistenz. Vermischen Sie sie mit 1 – 2 TL Tapenade.

3. Zitrone

GEBEN SIE DIE ZESTEN HINZU – oder wie man auf Deutsch sagt: Nehmen Sie die geriebene Schale von einer halben Zitrone oder Limette. Schmeckt frisch zu gebratenem und gegrilltem Fisch.

4. Rosmarin

ZU LAMMKOTELETTS schmeckt Rosmarin einfach fabelhaft gut. Nehmen Sie möglichst frischen, sonst getrockneten Rosmarin. Hacken Sie ihn mit einem scharfen Messer so fein wie möglich und vermischen ihn mit der Butter.

5. Knoblauch

KNOBLAUCHLIEBHABER begnügen sich nicht mit einer Zehe. Nehmen Sie gerne mehr. Manchmal sogar eine ganze Zwiebel, die im Backofen bei mittlerer Wärme etwa eine halbe Stunde geröstet, danach geschält und püriert wurde.

6. Indisch

CURRYMISCHUNGEN als Paste passen gut zu Kräuterbutter. Geben Sie 1 EL Ihres Lieblingscurrys und vielleicht etwas frischen, feingehackten Koriander hinzu. Passt gut zu Hähnchenspießen und gebratenen Schweinekoteletts.

7. Chili

FEINGEHACKTE ROTE Chili oder Sambal Oelek gibt der Kräuterbutter die richtige Schärfe. Tasten Sie sich an die richtige Dosierung mit Chili heran. Eine halbe oder eine ganze Chili, alternativ 1 TL Sambal Oelek reicht zu Beginn.

8. Pesto

SOWOHL ROTE ALS AUCH GRÜNE Pestos passen perfekt zur Kräuterbutter. Sie geben viel Geschmack und eine schöne Farbe. Geben Sie 1 EL Pesto nach Geschmack dazu.

Extra! Kräuterbutter ist viel mehr als ein Zubehör zu gebratenem Fleisch. Stellen Sie ab und an eine Extraportion für gebratenes Gemüse und Pilze her. Passt auch gut zu Omelett. Wenn Sie eine warme Sauce, einen Eintopf oder eine Suppe aufpeppen wollen, geben Sie einfach zum Schluss etwas Kräuterbutter dazu. Kräuterbutter passt zu vielen Gerichten. Ich nutze sie gerne als Geschmacksverstärker, etwa so wie Brühwürfel oder Fond.

ROSTFRI

Fisch & Meeresfrüchte

FISCH SCHMECKT UND IST GESUND! Das wissen die Meisten. Trotzdem essen die meisten Schweden zu wenig Fisch. So fehlen uns gute Fette, lebenswichtige Nährstoffe wie Vitamin D, Jod und Selen. Die meisten Ernährungsexperten sind sich darüber einig, dass wir mehr Fisch essen sollten, am besten zweimal in der Woche.
Leider verbreiten sich die Schreckensmeldungen, dass sowohl See- als auch Meerfisch viele Schadstoffe enthält, wie zum Beispiel Dioxin und PCB. Das betrifft vor allem Ostseehering, Lachs, Felchen und Saibling, die eigentlich sehr gute Fette haben, doch gerade sie sind von der Warnung betroffen, da sich die Schadstoffe besonders gut im Fett ablagern. Davor sollte man sich in Acht nehmen. Kabeljau und andere magere Fische mit weißem Fleisch haben nicht so viele Giftstoffe – allerdings sind viele Arten vom Aussterben bedroht und aus diesem Grunde sollte man auch vorsichtig sein. Trotz allem ist Fisch ein fantastisches Lebensmittel und ich persönlich wähle im Restaurant fast immer Fisch statt Fleisch. Auch zuhause gibt es mindestens zweimal in der Woche Fisch. In diesem Kapitel lade ich zu Rezepten mit Fisch und Schalentieren ein, die Lieblingsgerichte meiner Familie geworden sind. Von luxuriösen Fischstäbchen bis hin zu Fisch in Folie.

E 615 · P 35 · F 50 · K 5 · M

4 PORTIONEN

600 g Lachs

1 Ei

1 Limette, Zesten

1/2 gelbe, gehackte Zwiebel

1 Knoblauchzehe

1 TL Chili oder 1 TL Sambal Oelek

1 TL Salz, 1 Prise Pfeffer

100 g Krebsschwänze

Butter oder Kokosöl zum Braten

LIMETTENSAUCE

100 g Mayonnaise

60 g türkischer Joghurt

1 Limette, Saft und Schale

Lachsfrikadellen

mit Limettensauce

DIESES REZEPT HABE ich von Åsa Falkman Fredriksson, die bei allen Ausgaben der Zeitschrift „Mat och Hälsa" mitgewirkt hat. Allerdings habe ich die Krebsschwänze im eigenen Saft hinzugefügt.

1. Schneiden Sie den Lachs in Stücke. Legen Sie die Stücke und alle anderen Zutaten, außer den Krebsschwänzen, in eine Küchenmaschine. Alles kräftig mixen.
2. Geben Sie die Mousse in eine Schale. Hacken Sie die Krebsschwänze mit der Hand und rühren Sie sie in die Masse.
3. Formen Sie 8 Frikadellen und braten diese 5 Minuten von jeder Seite.

LIMETTENSAUCE: Die Limettenschale fein reiben. Pressen Sie den Saft aus und vermischen Sie alles mit der Mayonnaise und dem Joghurt. Servieren Sie die Sauce zu den Frikadellen und einem großen grünen Salat.

E 250 · P 30 · F 14 · K 0 · M

4 PORTIONEN

600 g Kabeljaufilet

1 – 2 Eier

65 g Pofiber oder gemahlene Flohsamenschalen

20 g geriebener Parmesankäse

1/2 TL Paprikapulver oder 1 Prise Kurkuma

Salz, Pfeffer

2 – 3 EL Kokosöl oder Butter zum Braten

REMOULADE Seite 37

Luxus Fischstäbchen

FISCHSTÄBCHEN SIND WAHRSCHEINLICH das weltweit am meisten verunstaltete Gericht, können aber auch sehr gut gemacht sein. Besonders, wenn Sie so luxuriös und selbst zubereitet werden.

1. Tauen Sie den Fisch auf, falls er tiefgefroren ist. Schneiden Sie ihn in dicke Scheiben. Salzen Sie vorsichtig, so bleibt der Fisch in seiner Form und das Fleisch bleibt fest.
2. Verquirlen Sie das Ei und vermischen Sie die trockenen Zutaten zum Panieren. Wenden Sie den Fisch in dem Ei und dann in der Panade.
3. Braten Sie den Fisch bei mittlerer Hitze. Servieren Sie ihn mit der selbstgemachten Remoulade und Beilagen nach Geschmack.

Geschirr: Die feuerfeste Auflaufform mit Fischmotiv ist von Jani-Keramik, Laholm. Design Jane Wåhlstedt. Um 1950.

Pestolachs aus dem Backofen

EINFACH ABER LUXURIÖS IST der Pestolachs, der sowohl als Alltagsgericht als auch zu Festlichkeiten passt. Als Einzelperson kann man nur 2 Stücke zubereiten und das andere Stück am nächsten Tag essen. Wenn Sie eine Feier für die ganze Verwandtschaft machen, nehmen Sie 2 – 3 Kilo Lachs, also eine ganze Lachsseite oder Hälfte.

1. Legen Sie den Lachs mit der Hautseite auf Backpapier oder in eine eingefettete Auflaufform. Geben Sie das Pesto über den Fisch, salzen und pfeffern Sie ihn.
2. Braten Sie den Fisch im Ofen bei hoher Hitze, zwischen 200 und 225 Grad – abhängig davon, ob Sie ein ganzes Stück oder mehrere Lachsstücke haben. Überprüfen Sie, ob der Fisch gerade durchgebraten ist, mehr ist nicht nötig. Sie können etwa 15 Minuten für mehrere Stücke oder etwa 30 Minuten, ggf. etwas länger, für ein großes Stück rechnen.
3. Während der Fisch im Backofen ist, mischen Sie die Sauce. Die Rezepte für das Pesto und die Mayonnaise finden Sie auf den Seiten 26 bzw. 33.
4. Servieren Sie den Lachs mit gekochtem Brokkoli oder einem großen Salat.

TIPP: Eine Variante von diesem Rezept ist Limetten- und Samballachs. Tauschen Sie einfach das Pesto gegen Crème fraîche. Geben Sie geriebene Limettenschale oder einen Klecks Sambal Oelek hinzu. Die Zubereitung ist gleich.

Geschirr: „Koka Blå", Design Hertha Bengtsson (Rörstrand 1967-82).
Der Kerzenständer ist von Royal Krona.

E 741 · P 35 · F 66 · K 2

6 PORTIONEN

1 Kilo Lachs oder 6 Stücke

50 g Pesto

Salz, Pfeffer

GRÜNE SAUCE

100 g Pesto

200 g Mayonnaise

60 g Joghurt

Salz, Pfeffer

Extra! Der Pestolachs schmeckt sowohl warm als auch kalt sehr gut. Er kann einen Tag vorher zubereitet werden.

Annas Safran-Fisch

E 602 P 26 F 33 K 3

6 PORTIONEN

800 g gefrorener Kabeljau

1 EL Butter für die Form

½ TL Salz

1 Prise Pfeffer

25 g geriebener Parmesankäse

500 g Crème fraîche

½ g Safran

1 TL Chiliflocken

1 TL getrockneter Estragon

Extra! Beide Gerichte können für kleinere Haushalte reduziert oder, wenn eine ganze Kompanie kommt, verdoppelt werden. Als Einzelperson hat es sich bewährt, einzeln verpackte Kabeljaufilets zu nehmen. Dann sollte die Hitze etwas gesenkt und der Fisch kürzer gebacken werden.

DAS IST EIN ALTER FAVORIT von Anna Bergström aus ihrem Buch „Annas mat". Ich habe das Rezept ein wenig verändert und Parmesankäse dazugenommen. Zubereitet wie gewöhnlicher Kabeljau, doch dank des Safrans schmeckt er einfach göttlich.

1. Legen Sie den gefrorenen Kabeljau, er sollte nicht aufgetaut sein, in eine dick mit Butter eingefettete Auflaufform, so dass diese gut ausgefüllt ist. Salzen, pfeffern und den Parmesankäse über den Fisch streuen.
2. Verrühren Sie die Crème fraîche mit den Gewürzen und geben Sie sie über den Fisch.
3. Bei 225 Grad 40 Minuten backen.
4. Servieren Sie den Fisch mit frisch gekochtem Brokkoli oder mit in Butter geschmortem Wirsing.

Fischgratin

E 672 P 47 F 55 K 3

6 PORTIONEN

800 g gefrorener Kabeljau

Butter für die Form

½ TL Salz

1 Prise frisch gemahlener Pfeffer

100 g gefrorener gehackter Spinat

300 ml Sahne

100 g Frischkäse

DIESES GRATIN erinnert mich an eine andere Lieblingsspeise mit Béchamelsauce, die Milch und Mehl enthält. Für dieses Rezept nehme ich stattdessen Frischkäse.

1. Schneiden Sie den Kabeljau in Portionsstücke und legen ihn in eine Auflaufform, salzen und pfeffern.
2. Verteilen Sie den gefrorenen Spinat um den Fisch.
3. Vermischen Sie die Sahne mit dem Frischkäse und gießen die Sauce über den Fisch. Bei 225 Grad 30 – 40 Minuten backen.

Geschirr: My Garden, Design Marianne Westman (Rörstrand).

Schöner Fisch in Folie

ALLES AUS EINEM TOPF GERICHTE sind wunderbar. Im Folienpaket behalten die Lebensmittel ihre Nährstoffe und ihren Geschmack. Im Prinzip kann man alle Fisch- und Gemüsesorten auf diese Art zubereiten.

1. Legen Sie eine längliche Auflaufform mit Backofenfolie aus. Achten Sie darauf, dass die Kanten gut ausgekleidet sind. Schneiden Sie den Fisch in Portionsstücke und legen Sie ihn in die Form. Schneiden oder hacken Sie das Gemüse und verteilen es um den Fisch. Würzen.
2. Gießen Sie den Wein und das Olivenöl darüber und geben Sie noch einen Klecks Butter dazu. Legen Sie nun Backofenfolie über alles und verschließen die Schnittstellen ordentlich. Bei 200 Grad 40 Minuten im Ofen backen.
3. Servieren Sie das Gericht mit Aioli, Pestomayonnaise oder einer anderen Sauce. Die Rezepte finden Sie auf den Seiten 34 und 36.

TIPP: Ergänzen Sie das Gericht durch Krabben mit oder ohne Schale. Wenn die Krabben nicht roh sind, müssen Sie nicht von Anfang an mit in den Backofen, sondern können hinterher dazugelegt werden. Es kann allerdings schwer sein, das Folienpaket zu öffnen und wieder dicht zu verschließen. Geben Sie die geschälten Krabben alternativ erst beim Servieren hinzu.

E 374 | P 36 | F 20 | K 10 | M

6 – 8 PORTIONEN

1,2 Kilo weißes Fischfilet

1 Stange Lauch

1 große gelbe Zwiebel

2 – 3 Knoblauchzehen

2 Spitzpaprika

12 Cocktailtomaten

1 Fenchel oder 1 Viertel Wirsing oder Spitzkohl

60 g entsteinte Kalamata Oliven

1 Möhre (wahlweise)

Thymian, Petersilie oder das Fischgewürz „Neptuns Traum“ von Herbaria

1 in Scheiben geschnittene Limette

Salz, Pfeffer

100 ml Weißwein nach Geschmack

2 – 3 EL Olivenöl

75 g Butter

Extra! Nehmen Sie bevorzugt gefrorenen oder frischen Fisch wie Kabeljau, Seelachs, Seehecht oder Schellfisch. Es eignen sich auch Schollenfilets, die Sie dann zusammenrollen.

E 290 P 40 F 9 K 1 M

4 PORTIONEN

800 g Garnelen mit Schale

2 – 3 EL Olivenöl

3 Knoblauchzehen

1 Chilischote

glatte Petersilie

Feurige Chiligarnelen

mit Knoblauch und Petersilie

DAS IST EIN GERICHT, DAS schnell zubereitet und langsam gegessen ist, denn die Garnelen werden mit der Schale gegrillt. Ein tolles Gästeessen!

1. Nehmen Sie die Garnelen frühzeitig aus dem Kühlschrank, dann lassen sie sich besser grillen. Wenn sie nass sind, mit Küchenpapier abtupfen.
2. Hacken Sie die Knoblauchzehen, die Chilischote und die Petersilie klein. Braten Sie den Knoblauch und den Chili in einer Pfanne in Olivenöl bei mittlerer Wärme goldgelb.
3. Die Garnelen dazugeben und verrühren. Reduzieren Sie die Wärme etwas. Braten Sie die Garnelen solange, bis sie durchgewärmt sind, nicht länger.
4. Geben Sie die Petersilie zum Schluss hinzu und – fertig. Gerne noch mit einem Klecks Aioli dazu servieren.

TIPP: Nehmen Sie bitte keine Tigerkrabben, Gambas, Riesenkrabben oder Scampi (Penaeus esculentus)! Die werden nämlich von einer Industrie angeboten, die weder auf die artgerechte Haltung der Tiere achtet, noch auf die Umwelt oder die Gesundheit der Menschen. Essen Sie am besten die gewöhnlichen, etwas kleineren Eismeergarnelen (Pandalus borealis). Es gibt ebenfalls Königskrabben, die eine MSC-Zertifizierung haben und aus dem Wildfang vor der Australischen Küste stammen. Also aus nachhaltiger Fischerei, die nicht den Lebensraum Meer schädigt.

Krabbencocktail

WENN SIE SICH AN DIE 70ER JAHRE ERINNERN, kommt Ihnen diese Retrovorspeise sicherlich bekannt vor. Eier, Avocado und Krabben sind eine tolle Kombination.

1. Lösen Sie das Avocadofleisch aus und schneiden es in kleine Stücke. Behalten Sie die Schale. Legen Sie die Stücke in eine mittelgroße Schale und geben Sie Limettensaft darüber. Leicht salzen und pfeffern.
2. Pellen und hacken Sie die Eier. Schneiden Sie den Staudensellerie in dünne Ringe. Die Kräuter fein hacken.
3. Alle Zutaten vermischen und in die Avocadoschalen oder in Glasschälchen füllen.

TIPP: Bitte bedenken Sie, dass der Cocktail nicht zu kalt sein soll, wenn Sie ihn essen. Der Geschmack ist intensiver, wenn der Cocktail etwas Zimmertemperatur hat.

E 425 · P 15 · F 38 · K 3 · M

4 PORTIONEN

2 reife Avocados

Saft von 1 Limette

2 gekochte Eier

100 g Mayonnaise

etwas Tabasco oder Chiliflocken

1 dünne Stange Staudensellerie

einige Zweige frischen Dill oder Koriander

200 g geschälte Krabben

Extra! September, Oktober und November sind gute Monate für Meeresfrüchte. Aber auch ab Ende August kann man gute Krabben bekommen. Eine viel bessere Alternative als die importierten Flusskrebse, die man aus der Gefriertruhe kaufen kann. Krabben sind besser, nicht so salzig und vor allem fetter.

Luxuriöses Krebs-fest

EINFACHER ALS DAS kann es nicht sein, zu einem luxuriösen Fingerfoodesssen einzuladen. Reichlich frisch gekochte Krebse mit Mayonnaise. Gerne mit einer leckeren Tomaten-Fetakäsequiche.

1. Versuchen Sie Krabben beim Fischhändler zu kaufen. Fragen Sie, wann die Krabben gekocht wurden und woher sie kommen. Bitten Sie darum, sich eine in der Mitte geteilte Krabbe ansehen zu dürfen.
2. Servieren Sie die Krabben mit Mayonnaise, mit der Tomaten-Fetakäsequiche von Seite 103, oder mit einem großen gemischten Salat.

Geschirr: Die Glasschale mit dem Fuß und das Tablett sind aus den 1950er Jahren.

E 503 · P 17 · F 82 · K 0 · M

4 PORTIONEN

Reichlich frisch gekochte Krebskrabben, mindestens 2 Kilo

200 g Mayonnaise

Verrückt auf Hähnchen

HÄHNCHEN IST GUT. Das zarte weiße Fleisch ist nicht nur für Viele, die wenig Kohlenhydrate essen, ein Favorit in der Küche, sondern auch für die gesamte schwedische Bevölkerung. Es ist einfach zuzubereiten und bietet viele Geschmacksvariationen. Sie sollten jedoch unbedingt hochwertiges, gerne ökologisches Hähnchen bevorzugen. Besonders gut: frische Hähnchen kaufen und selbst zerteilen. Sie können Brühe und Suppe davon kochen und die restlichen Teile für etwas anderes verwenden. Das, was Sie nicht verbrauchen, können Sie einfrieren. Hier folgen Rezepte mit ganzem, zerlegtem oder nur mit Teilen vom Hähnchen, wie Hähnchenschenkelfilet, das sowohl schmackhafter als auch fettreicher als das Brustfilet ist. Apropos schmackhaft, probieren Sie auch meine italienischen Nuggets oder Entenkeule in Senfsauce mit geröstetem Kohl und schwedischen Preiselbeeren.

Zubehör: Etwas abgenutzte Schneidebretter aus Holz und Porzellan. Brettchen mit Motiven aus Norwegen von TuriDesign.

E 800 | P 80 | F 52 | K 4 | M

4 PORTIONEN

1 Hähnchen, etwa 1,3 Kilo

2 EL Olivenöl

5 – 10 Knoblauchzehen

Saft einer Zitrone

30 g feingehackter Petersilie

Salz, Pfeffer

1 TL Kräuter

100 - 200 g Aioli

„Überfahrene Spanier"

AJO POLLO HEISST dieses Gericht in der Originalsprache. Das bedeutet Knoblauchhähnchen. Es wurde in einer Taverne auf Gran Canaria serviert. Unter den Gästen befand sich eine Gruppe spanischer Verkehrspolizisten, die sowohl Rotwein, als auch Whiskygrog zum Essen tranken.

1. Vergessen Sie alles, was Sie bisher gehört haben, wie man ein Hähnchen am besten zerkleinert. Hier wird das Hähnchen brutal in gleichgroße Stücke geschnitten.
2. Verteilen Sie die Stücke in eine gebutterte Auflaufform oder in einen Bräter. Ordentlich salzen und pfeffern, den in Scheiben geschnittenen Knoblauch und die Petersilie darüber streuen. Zuletzt den Zitronensaft darüber gießen.
3. Bei 225 – 250 Grad braten, bis die Hähnchenstücke eine schöne Farbe haben und die Knoblauchzehen braun geröstet sind. Das kann, abhängig von der Größe der Hähnchenstücke, etwa 30 – 40 Minuten dauern. Bei Bedarf kann die Temperatur zum Schluss etwas gesenkt werden.
4. Servieren Sie dazu Aioli und einen reichhaltigen Salat oder eine andere Beilage, zum Beispiel die Pommes von Seite 111.

TIPP: Wenn Sie das Hähnchen nicht selbst zerteilen möchten, können Sie auch fertige Stücke wie Keulen nehmen. Und wenn doppelt so viele Personen am Esstisch sitzen, brauchen Sie die Menge nur verdoppeln.

Extra! Denken Sie daran, dass Gerichte wie der „Überfahrene Spanier" auch noch am nächsten Tag serviert werden können. Sowohl kalt als auch warm zu einem Salat. Wenn Sie keine Reste mögen, können Sie fast alle Rezepte aus „Aus Liebe zum Essen" halbieren, denn die meisten sind für vier Personen berechnet.

Geschirr: Krug „Malva", Design Karin Björquist, um 1970 (Gustavsberg) und eine neue Auflaufform aus Metall (Ikea).

Poulet au four

EIN IM GANZEN GEBRATENES HUHN ist unter anderem das Beste, was ich kenne. Ein richtig gutes Sonntagsessen und man braucht sich nicht anzustrengen und um den Backofen zu kümmern. Je größer das Huhn, desto besser.

1. Nehmen Sie das Huhn und tupfen es mit Haushaltspapier gut trocken. Salzen und pfeffern Sie das Huhn innen und außen. Sparen Sie nicht mit dem Salz. Das Huhn mit dem Grillgewürz einreiben. Danach in eine gebutterte, hohe Auflaufform legen.
2. Die Zwiebeln schälen, in Spalten schneiden und rund herum verteilen. Verfahren Sie ebenso mit der Zitrone. Schneiden oder hobeln Sie die Hälfte der Butter über das Huhn.
3. Stellen Sie die Auflaufform ganz nach unten im Backofen. Etwa 1 ½ Stunden, je nach Größe, bei 175 bis 200 Grad backen. Ab und zu den Bratensaft über das Huhn geben und eventuell noch etwas Wasser hinzufügen.

TIPP: Wenn Sie etwas mehr Zitronengeschmack möchten, dann geben Sie ein Stück Zitrone innen in das Huhn. Verwahren Sie den Bratensaft und machen Sie damit gerne die Sahnesauce (das Rezept finden Sie auf Seite 30).

E 440 | P 88 | F 21 | K 6

6 PORTIONEN

1 großes Huhn vom Bauernhof, mindestens 1,5 bis 2 Kilo

Salz, Pfeffer

2 TL Grillgewürz z.B. Mapuche Fire von Herbaria

100 g Butter

1 Zitrone in Spalten

3 gelbe Zwiebeln

50 ml Wasser

Extra! Wenn die Innereien beim Kauf noch im Huhn sind, bitte nicht wegwerfen. Platzieren Sie die Innereien rund um das Huhn, das gibt dem Bratensaft einen besseren Geschmack. Sie brauchen es ja nicht zu essen, wenn Sie nicht möchten.

Geschirr: Eine neue Form von Höganäs emalj.

E 620 · P 54 · F 40 · K 4

4 PORTIONEN

500 g Weißkohl

1 EL Olivenöl

2 Entenkeulen, 800 g

Salz, Pfeffer

2 EL Butter

1 EL Olivenöl

4 geteilte Knoblauchzehen

2 gelbe, in Spalten geschnittene Zwiebeln

200 ml Sahne

2 EL Dijonsenf

50 ml Weißwein oder

1 EL Apfelweinessig mit etwas Wasser

Thymian, gerne frisch

50 g Preiselbeeren

Entenkeule mit Senfsauce

NICHT JEDEN TAG isst man Ente. Zu diesem Gericht lud ich meine drei Töchter an einem Herbstsonntag zu einem gemütlichen Frauenabend, bei meiner ältesten Tochter in Malmö ein. Das wurde ein voller Erfolg!

1. Teilen Sie den Kohl in mittelgroße Spalten und legen Sie ihn in eine Auflaufform. Salzen, pfeffern und mit Olivenöl beträufeln. Zur Seite stellen und den Backofen auf 175 Grad vorheizen.
2. Die Entenkeulen teilen, pfeffern und salzen. Braten Sie die Stücke in einer passenden Bratpfanne mit Butter und Olivenöl an, bis sie eine schöne Farbe haben. Danach in eine ofenfeste Form legen.
3. Braten Sie die Zwiebeln und den Knoblauch einige Minuten zusammen an. Die Sahne und den Senf dazugeben, alles vermischen und über die Entenstücke gießen. Drücken Sie einige Zweige Thymian in die Masse.
4. Wenn Sie Wein über haben, dann können Sie ihn jetzt verwenden. Stellen Sie die Form zusammen mit dem Kohl für 20 bis 25 Minuten in den Backofen. Mit Preiselbeeren servieren.

TIPP: Wenn Sie es vorziehen, können Sie den Kohl auch in einer Bratpfanne weichbraten. Ich persönlich bevorzuge zwei Auflaufformen nebeneinander in den Backofen zu stellen. Bei einem Warmluftofen ist das kein Problem.

Extra! Das Gericht lässt sich auch gut mit Hähnchenkeulen zubereiten.

Geschirr: Teller mit Golddekor (Mitterteich Bavaria).

Italienische Nuggets

UND HIER EINE GESCHMACKVOLLE VARIANTE von Chicken Nuggets. Einfach mit Parmesan und Kräutern in der Panade. Ich hoffe aufrichtig, dass diese knusprigen Leckereien nicht in irgendeine Art und Weise an eine amerikanische Fastfoodkette erinnern.

1. Schneiden Sie zuerst die Filets in mundgerechte Stücke.
2. Die Eier auf einem Teller mit einer Gabel verquirlen und die trockenen Zutaten auf einem anderen Teller vermischen. Wenden Sie die Hähnchenstücke zuerst in den Eiern und danach in der Panade.
3. Braten Sie die Stücke bei mittlerer Hitze, bis sie eine schöne Farbe angenommen haben. Stellen Sie die schon gebratenen Stücke auf einem Teller bei 150 Grad in den Backofen, so bleiben sie schön warm und können noch etwas nachbacken, sofern das nötig ist. Mit Mayonnaise und Beilagen nach Wahl servieren.

TIPP: Hier habe ich die Panade mit Kräutern verfeinert. Manchmal mariniere ich die Hähnchenstücke vorher in 1 – 2 TL Pesto. Probieren Sie die Zubereitung, zum Beispiel mit etwas Curry oder Chiliflocken, ggf. auch ganz ohne Gewürze aus.

E 500 · P 35 · F 40 · K 0

4 PORTIONEN

600 g Hähnchenschenkelfilet

2 Eier

30 g Kartoffelfasern oder gemahlene Flohsamenschalen

25 g geriebener Parmesankäse

½ TL Paprikapulver

1 EL Kräuter, Tutto Mio von Herbaria

Salz, Pfeffer

2 EL Kokosfett oder Rapsöl und 2 EL Butter zum Braten

100 – 200 g Mayonnaise

Extra! Wenn mehrere Nuggets übrig bleiben, passen sie gut zu einem großen Blattsalat und einem großen Klecks Mayonnaise.

Zubehör: Tablett von Ikea und eine alte blaugrüne Glasflasche.

E 606 · P 35 · F 50 · K 15 · M

4 PORTIONEN

2 Zitronengrasstiele

2 EL Kokosöl

1 EL Curry

600 g Hähnchenschenkelfilet

Salz, Pfeffer

2 gelbe Zwiebeln oder 1 große Stange Porree

1 daumendickes Stück Ingwer, feingehackt

2 Knoblauchzehen

1 – 2 geschnittene rote Paprika

1/2 feingehackte Chilischote

1 Dose Kokoscreme

Zesten von einer Limette

Extra! Ich habe frische Hähnchenschenkel mit Haut genommen und die Knochen herausgelöst. Sie sind geschmacksintensiver und fetter als normales Hähnchenfilet. Doch selbstverständlich können Sie auch Brustfilet nehmen, besonders, wenn Sie es mit Haut bekommen.

Curryhähnchen

mit Kokos und Limette

ASIATISCHE GEWÜRZE UND KOKOS werden in unserer modernen schwedischen Hausmannskost bald ebenso Einzug halten wie Spaghetti und Hackfleischsauce. Es ist ja nicht so verwunderlich, dass wir hier im Norden ab und zu Sehnsucht nach etwas scharf Schmeckendem haben.

1. Zerdrücken Sie die groben Teile des Zitronengrases mit der breiten Seite eines Messers.
2. Schneiden Sie das Hähnchen in grobe Stücke. Erwärmen Sie das Kokosöl vorsichtig in einer Wokpfanne oder einer geeigneten Bratpfanne mit einem hohen Rand. Brutzeln Sie darin das Zitronengras mit dem Curry. Geben Sie die Hälfte des Fleisches hinzu und braten es bei mittlerer Wärme solange, bis die Stücke eine schöne Farbe bekommen haben. Salzen und pfeffern.
3. Stellen Sie das fertige Fleisch zur Seite und braten die restlichen Stücke. Geben Sie nun eventuell mehr Currypaste dazu. Das Zitronengras bleibt in der Pfanne liegen.
3. Nun wird es Zeit, die Zwiebel/das Porree in Spalten/Stücke zu schneiden und in derselben Pfanne zusammen mit dem Gemüse und der feingehackten Knoblauchzehe zu braten. Das Gemüse soll eine schöne Farbe bekommen, jedoch knackig bleiben.
4. Geben Sie nun die Kokoscreme und das Fleisch in die Pfanne und lassen es 5 – 10 Minuten köcheln, bis alles durchgewärmt ist. Nehmen Sie das Zitronengras heraus und geben Sie die Limettenschalen darüber. Servieren Sie statt Reis gekochten Blumenkohl dazu.

Vortreffliches mit Lamm

ES GIBT VIELE EXPERTEN, die behaupten, dass wir Bewohner des Westens zu viel Fleisch essen. Hier in Schweden ist man entsetzt darüber, wie der Fleischkonsum in den letzten Jahrzehnten in die Höhe geschossen ist. Und gar nicht so selten gibt man LCHF die Schuld. Zum Teil stimme ich da zu. Viele essen zu viel und auch das falsche Fleisch. Fleisch mit schlechter Qualität von einer Fleischindustrie, der es weder um das Wohl der Tiere noch um die Gesundheit der Menschen geht, die es essen. Ich esse meistens 3 – 4 Mal in der Woche Fleisch. Aus dem einfachen Grund, weil ich es phantasielos finde, immer das Gleiche zu essen. Das wird langweilig, so einfach ist das. Denn ich esse ja auch gerne Fisch und Schalentiere. Doch ich weiß nur zu gut, dass es einen Unterschied zwischen Fleisch und Fleisch gibt. Ebenso ist mir klar, dass mein Körper dafür geschaffen ist, Fleisch zu essen. Ich benötige diese Proteine und Nährstoffe. Auch bin ich der Meinung, dass Fleisch unglaublich gesund ist, doch nur Lamm-, Rind- oder Schweinefleisch aus artgerechter Haltung. Und natürlich Wild! Ich werde jedes Mal etwas nervös, wenn jemand sagt, dass er kein Lamm mag, da es so streng schmeckt. Man kann nicht falscher liegen. Testen sie Pulled Lamb, anstelle von Pulled Pork, oder indischen Römertopf, Lammfrikadellen mit Ajvarsauce und den Kalbfleischklassiker Ossobuco, der natürlich auch mit Lammfleisch zubereitet werden kann.

Lammfrikadellen

mit Fetakäse und Ajvarsauce

LAMM IST EINE BESSERE und milieufreundlichere Alternative zu Schweine- und Rindfleisch. Geschmacklich bessere und saftigere Frikadellen gibt es nicht.

1. Vermischen Sie alle Zutaten und formen Sie daraus 8 längliche Frikadellen. In Olivenöl und Butter bei mittlerer Hitze mindestens 10 Minuten braten, bis die Frikadellen eine schöne Farbe haben.
2. Kurz bevor die Frikadellen fertig sind, geben Sie die Sahne und einen Klecks Ajvar dazu. Einmal umrühren und die Sahne etwas einkochen lassen. Vor dem Servieren mit der Petersilie dekorieren. Schmeckt sehr gut mit frisch gekochtem Brokkoli oder in Butter gebratenen Weißkohlstreifen.

TIPP: Ajvar ist eine würzige Sauce mit Wurzeln im Balkan. Sie enthält Paprika und Aubergine. Man kann sie fertig kaufen, allerdings ist sie auch leicht selbst herzustellen, siehe das Rezept auf Seite 29. In diesem Rezept können Sie Ajvar auch zur Hälfte gegen Sambal Oelek austauschen. Ich persönlich meine, dass Ajvar zu Lamm himmlisch gut schmeckt.

Geschirr: Teller „Spisa Ribb", Design Stig Lindberg (Gustavsberg). Schüssel „Fix", Design Helmer Ringström (Rörstrand, 1965-66). Salz- und Pfefferstreuer von Bo Fajans.

E 596 · P 33 · F 50 · K 3

4 PORTIONEN/8 STÜCK

600 g Lammhackfleisch

1 Ei

75 g Fetakäse

1 TL Salz

1 Prise schwarzer Pfeffer

1 – 2 EL Ajvar, gerne mittelstark oder stark

30 g feingehackte Petersilie

1 EL Olivenöl zum Anbraten

1 EL Butter zum Anbraten

SAUCE

100 – 200 ml Schlagsahne

1 EL Ajvar

30 g grobgehackte Petersilie

Salz, Pfeffer

Extra! Selbstverständlich können Sie die Frikadellen auch mit anderem Hackfleisch machen. Zum Beispiel Hähnchen-, Schweine-, Rinderhack oder gemischtem Hackfleisch. Nehmen Sie das, was Sie gerade zuhause haben.

E 417 | P 30 | F 45 | K 16

6 PORTIONEN

850 g Gulasch aus der Lammschulter, 3 x 3 cm

1 Markknochen, 150 g

3 feingehackte oder in Scheiben geschnittene gelbe Zwiebeln

1 feingehackte Mohrrübe/Apfel/Pastinake (kann auch weggelassen werden)

2 – 3 geschnittene Selleriestangen

1 feingehackte rote Chilischote

2 feingehackte Knoblauchzehen

1 – 2 EL Curry

1 TL Salz

50 g Butter oder 50 ml kaltgepresstes Rapsöl/Kokosfett

1 Dose gehackte Tomaten

50 ml Wasser

BEILAGE

2 geteilte Pak Choi

2 in Scheiben geschnittene Spitzpaprika

½ in Scheiben geschnittene Lauchstange

frischer, feingehackter Koriander

100 g Crème double

Indischer Römertopf

DAS IST EIN PERFEKTES SLOW FOOD. Dieser schmackhafte Eintopf kocht langsam vor sich hin, während Sie etwas anderes machen können. Im Prinzip können Sie jedes Fleisch und jedes Gemüse in den Römertopf geben. Der Markknochen gibt einen herrlichen Geschmack, der jeden Brühwürfel bei weitem übertrifft.

1. Schichten Sie das Fleisch und einen Teil des Gemüses in den Römertopf, den Sie zuvor eine halbe Stunde gewässert haben. Den Markknochen legen Sie in die Mitte. Geben Sie die Gewürze hinzu, auch das Curry und das Fett. Gießen Sie die Tomaten und das Wasser darüber.
2. In den kalten Backofen stellen, auf 175 Grad erwärmen. Der Eintopf braucht mindestens 2, besser sogar 3 Stunden. Vor Ende der Garzeit nehmen Sie den Römertopf aus dem Backofen, öffnen vorsichtig den Deckel und geben das restliche Gemüse hinzu. Kratzen Sie den Markknochen aus und geben die Masse zurück in den Römertopf. Noch einmal für 15 Minuten in den Backofen stellen.
3. Mit einem schönen Klecks Crème double servieren.

TIPP: Die Gewürze in diesem Gericht sind wie für das Lammfleisch gemacht. Doch auch Rind- und Schweinefleisch passen sehr gut dazu. Sie können auch verschiedene Fleischsorten mischen. Bevorzugen Sie dann Röhrenknochen und Lende, das ist etwas fetter als zum Beispiel Filet oder Schinkenbraten.

Geschirr: Souvenirteller aus unbekannter Herkunft.

1 dl vatten
1 dl mjölk
1 påse vit Grundsås
1 dl mjölk
fiskrätter
OBS!
Blå Bands bruna sås
gör alla stekta kötträtter,
köttstuvningar och
köttgrytor extra läckra!

Pulled Lamb

ALS ALLE ÜBER Pulled Pork sprachen, versuchte ich stattdessen Pulled Lamb im Römertopf. Die Herausforderung bestand darin, eine Grillsauce ohne Zucker und ohne künstliche Geschmacksverstärker zu kreieren.

1. Legen Sie den Römertopf für 20 – 30 Minuten ins Wasser. Das Fleisch salzen und beiseite legen.
2. Braten Sie das Wurzelgemüse, den Knoblauch und die Chilischote einige Minuten in Öl. Geben Sie die anderen Zutaten hinzu, bis auf das Fleisch und die Zwiebeln. Wenn die Sauce heiß ist, rühren Sie um. Verringern Sie die Wärme etwas. 10 – 15 Minuten köcheln lassen. Mit einem Mixer oder einem Stabmixer pürieren.
3. Schichten Sie die Zwiebeln, das Fleisch und die Creme in den Römertopf. Verschließen Sie den Topf mit dem Deckel und stellen ihn in den kalten Backofen. Bei einer Temperatur von 125 – 150 Grad mindestens vier Stunden braten lassen.
4. Zerteilen Sie das Fleisch mit zwei Gabeln (deswegen heißt es ja pulled) und verwahren Sie die Sauce. Servieren Sie das Fleisch in der Sauce mit in Butter gebratenen Weißkohlstreifen.

TIPP: Normalerweise wird für Pulled Pork in Barbequesauce marinierter Schweinebraten genommen. Die Sauce hat jedoch einen großen Zuckeranteil. Hier sind es Rote Bete, Chili und Cajun-Gewürz, die die Geschmacksknospen verwöhnen.

Geschirr: Schneidbrett von Svartek und Küchenhandschuhe von Blå Band, um 1970.

E 464 · P 40 · F 30 · K 10 · M

4 - 6 PORTIONEN

1 feingehackte Rote Bete

1 grob geriebene Möhre

1 große, geriebene Knoblauchzehe

2 EL Raps- oder Kokosöl

2 TL BBQ-Kräuter Cajun Spices, Herbaria

100 ml Apfelweißweinessig

3 feingehackte, sonnengetrocknete Tomaten

1/2 Dose Tomaten

200 ml Wasser

2 TL Salz

1 TL gemahlener, weißer Pfeffer

1,2 Kilo Lammfleisch

2 gelbe, feingehackte Zwiebeln

Extra! Über lange Zeit geschmorte Gerichte sind eine gute Möglichkeit der Essenszu- und Vorbereitung. Als ich das Gericht zum ersten Mal zubereitet habe, stellte ich es abends gegen 19.00 Uhr in den kalten Backofen, stellte dann die Temperatur ein und schaltete den Backofen wieder aus, als ich ins Bett ging. So konnte das Lamm die Nachwärme des Ofens in der Nacht nutzen.

E 622 | P 35 | F 51 | K 5 | M

4 PORTIONEN

100 g Fetakäse

50 g Pesto

50 g Ajvar

1 Avocado

2 EL Olivenöl

4 große Eisbergsalatblätter

200 g Waldchampignons

Kokosöl oder Butter zum Braten

600 g Hackfleisch von Lamm oder Rind, gerne auch Halb und Halb

Salz, Pfeffer

Extra! Ich beziehe mich auf ein Restaurant das Paleo heißt, in Kopenhagen Torvehaller (Romesgarder 18) und auch in der Pilestraede 32. In Schweden gibt es PriMaten in Uppsala, wo auch ausgesuchtes Paleo-Essen serviert wird.

Paleohamburger

mit Fetakäse und Ajvar

IN KOPENHAGEN GIBT ES ein Restaurant in den Torvehallen, welches ein Paradies für Menschen ist, die Essen lieben. Von dort habe ich die Inspiration für diesen einfachen, aber extrem guten Hamburger bekommen.

1. Den Fetakäse fein zerbröseln. Die Avocado mit dem Pesto mixen. Das Öl mit Ajvar vermischen. Legen Sie die vier Salatblätter auf je einen Teller.
2. Die Pilze in Spalten zerteilen und in Kokosöl oder Butter anbraten, danach zur Seite stellen.
3. Formen Sie vom Hackfleisch vier schöne Hamburger. Von jeder Seite ein paar Minuten braten. Salzen und pfeffern.
4. Die fertigen Hamburger auf die Salatblätter legen. Darüber die Pilze und den Fetakäse geben. Zuletzt das Pesto darüber träufeln und sofort servieren.

TIPP: In der Sommerzeit können Sie die Hamburger auch gut grillen. Dann wird das geformte Hackfleisch einfach mit etwas Öl eingepinselt, bevor Sie es auf das Grillgitter legen. Die Pilze können Sie halbieren und in einem Fischgitter auf den Grill legen. Statt des zerbröckelten Fetakäses können Sie die Fetakäsesauce von Seite 29 dazu servieren.

Dekoration: Eine kleine rostfreie Platte mit Teakholzgriffen, um 1960, die Küchenhandschuhe sind ein Souvenir aus Kalifornien.

Estragonkoteletts

mit Rosenkohl und Sesam

DIE SCHWEINEKOTELETTS bitte vorsichtig braten, damit sie saftig bleiben. Hier können die Koteletts einige Minuten in der cremigen Estragonsauce brutzeln.

1. Die Koteletts salzen und pfeffern und die Fettkanten etwas einschneiden, so bleiben die Koteletts flach in der Pfanne liegen. Bei mittlerer Hitze 2 Minuten von jeder Seite braten.
2. Danach die Temperatur etwas senken. Senf, Sahne und Estragon dazugeben und 3 – 5 Minuten brutzeln lassen.
3. Servieren Sie Beilagen nach Belieben, zum Beispiel Rosenkohl mit Sesam von Seite 107 oder gerösteten Brokkoli von Seite 111.

TIPP: In dieser schmackhaften Estragonsauce können Sie auch gut Schweinelende in Scheiben und Hähnchenbrust mit Haut braten.

E 635 P 40 F 50 K 8

4 PORTIONEN

4 schöne Schweinekoteletts mit Fettkante, 700 g

Butter oder Kokosöl zum Braten

einige frische Estragonzweige oder 1 TL getrockneter Estragon

1 – 2 EL Dijonsenf

200 g Crème fraîche

Salz, Pfeffer

Beilagen nach Wahl

Extra! Schweinekoteletts werden sehr schnell trocken, wenn sie zu lange bei großer Hitze gebraten werden. Ein Tipp ist, sie anzubraten und dann bei 150 Grad in den Backofen zu stellen, bis sie durchgebraten sind. Die Zeit können Sie dazu nutzen, die Sauce zuzubereiten.

Geschirr: Teller „Swedish Grace", Design Louise Adelborg (Rörstrand). Die ältere Schüssel ist von Gustavsberg.

E 310 · P 36 · F 12 · K 13 · M

6 PORTIONEN

4 Scheiben Kalbfleisch, 1 Kilo

3 feingehackte gelbe Zwiebeln

1 gehackte mittelgroße Karotte

150 g gehackter Sellerie (kann auch weggelassen werden)

Butter oder Olivenöl zum Braten

1 Dose ganze Tomaten

3 EL Tomatenmark

200 ml trockener Weißwein oder 50 ml Weißweinessig und 150 ml Wasser

2 TL Basilikum

1 Lorbeerblatt

Salz, Pfeffer

GREMOLATA

30 g feingehackte Petersilie

2 feingehackte Knoblauchzehen

Zesten von einer Zitrone

Extra! Ossobuco schmeckt ebenfalls wunderbar mit Lammfleisch. Nehmen Sie Fleisch mit Knochen. Denn die geben den Geschmack! So benötigt man keine Brühwürfel. Statt Wein oder Weißweinessig können Sie auch Zitronensaft nehmen.

Ossobuco

IST DIE ZEIT KNAPP? DANN TESTEN SIE diesen italienischen Klassiker. Besonders wenn Sie pikante Fleischgerichte mit viel Geschmack mögen. Es dauert maximal 20 Minuten diesen Eintopf vorzubereiten, dann brät er einige Stunden im Backofen vor sich hin.

1. Bräunen Sie die Fleischstücke in einem passenden Topf unter Wenden bei mittlerer Hitze, bis sie eine schöne Farbe bekommen haben. Dann legen Sie die Fleischstücke zur Seite.
2. Das Gemüse im selben Topf anbraten. Danach das Fleisch, die Tomaten, den Wein und eventuell etwas mehr Wasser dazugeben. Nun die Gewürze hinzufügen und aufkochen, einige Zeit köcheln lassen. Danach die Hitze reduzieren, einen Deckel auf den Topf geben und mindestens 1,5 Stunden leicht köcheln lassen.
3. Abschmecken, eventuell noch etwas Salz hinzugeben. Der Eintopf ist fertig, wenn das Gemüse zusammengefallen ist und das Fleisch sich leicht von den Knochen lösen lässt.
4. Verrühren Sie Petersilie, Knoblauch und die Zitronenschale und geben Sie die Gremolata unmittelbar vor dem Servieren in den Eintopf und rühren kurz um.
5. In Butter gebratene Weißkohlstreifen mit 1/2 Päckchen Safran passen perfekt dazu.

TIPP: Die Knochen geben dem Ossobuco den speziellen Geschmack und enthalten außerdem noch Eisen. Höhlen Sie die Knochen aus und geben darüber den Safranweißkohl, das schmeckt einfach sündhaft gut.

Geschirr: Die Teller heißen „Alice", Uppsala Ekeby. Die kleine gelbe Schale „Gefyrskol" ist von Gustavsberg. Die Servierschale ist von Höganäs.

Edelrouladen

mit Pastinakenpommes

RINDFLEISCH WIRD LEICHT ZU LANGE GEBRATEN und ist dann trocken. Wenn Sie jedoch Rouladen daraus machen und sie mit einer cremigen Schimmelkäsesauce füllen, passiert das nicht.

1. Schmelzen Sie den Schimmelkäse bei schwacher Hitze in einer Kasserolle mit dickem Boden. Zerquetschen Sie den Schimmelkäse gerne mit einem Holzlöffel. Wenn der Käse geschmolzen ist, geben Sie 50 g Crème fraîche hinzu und lassen die Sauce eine Weile köcheln.
2. In der Zwischenzeit legen Sie die Rindfleischscheiben auf ein Schneidebrett oder auf Butterbrotpapier direkt auf die Arbeitsplatte. Salzen, pfeffern und die Hälfte des geschmolzenen Käses darauf geben. Danach zusammenrollen und mit einem Zahnstocher fixieren.
3. Nun ist es Zeit die Rouladen zu braten. Kurz bevor sie fertig sind, geben Sie den restlichen Käse und die Crème fraîche hinzu und reduzieren die Hitze etwas. Einige Minuten köcheln lassen.
4. Abschmecken und die Rouladen mit den Pastinakenpommes von Seite 111 oder mit ofengebackenem Gemüse servieren.

TIPP: Deutscher Schimmelkäse passt hier ebenso gut wie französischer Roquefort. Nehmen Sie keinen Gorgonzola, denn der wird beim Erwärmen bitter. Wenn Sie keinen Schimmelkäse mögen, können Sie gerne mit etwas anderem füllen, zum Beispiel Ajvar Relish, Dijonsenf oder Pesto mit fein geriebenem Parmesankäse.

Geschirr: Teller „Mimosa", Design Berit Ternell (Gefle). Schale „Curtis", Design Hertha Bengtsson, (Rörstrand, um 1950).

E 465 · P 40 · F 35 · K 2

4 PORTIONEN

100 g Schimmelkäse

200 g Crème fraîche

600 g dünne Rindfleischscheiben

Salz und Pfeffer

2 EL Butter

PASTINAKENPOMMES

Rezept auf Seite 111

Extra! Statt Rindfleisch können Sie auch geklopfte Schnitzel oder Hähnchenbrustfilet nehmen.

Snacks

EIN STÜCKCHEN FLEISCH ODER FISCH, Sauce und Beilage, Eintopf oder Suppe. So sieht es oft auf unseren Tellern aus. Doch es gibt bessere Varianten als diese. Das wird schnell vergessen. Es gibt Mahlzeiten, die sowohl schön zu kochen als auch gästetauglich sind und alles enthalten, was man braucht: Protein, Fett und Gemüse. Das sind alles Gerichte aus einem Topf, die für sich selbst sprechen und am liebsten mit einem Salat serviert werden. Ich habe sie hier unter „Snacks“ gesammelt, Rezepte aus Mangel an Phantasie. Es gibt einige Klassiker wie die Schalentierquiche, gefüllte Paprika und ein vegetarisches Auberginengratin. Die farbigen und geschmacksstarken Gemüse spielen hier die Hauptrolle – nicht Fleisch oder Fisch. Auch finden Sie hier einige meiner Lieblingseierspeisen. Eier werde ich nie leid. Sie sind ein phantastisches Lebensmittel. Omelett und Tortilla sind schnell zubereitet und man kann sie unendlich variieren. Das Gleiche gilt für die sättigende Quiche mit dem knusprigen Boden aus Mandelmehl, die benötigt jedoch etwas mehr Zeit. Doch eine Quiche ist jede Mühe wert und dazu noch sehr praktisch, um sie am nächsten Tag als Mittagessen mit zur Arbeit zu nehmen. Aber zuerst ein paar schöne wärmende Suppen, die ich kreiert habe.

E 325 | P 6 | F 18 | K 30

6 PORTIONEN

1 Kilo Paprika – rote, gelbe oder orange

1 Stück Sellerie oder 1 Karotte (kann auch weggelassen werden)

1 ganze Knoblauchzwiebel

2 gelbe Zwiebeln

2 EL Olivenöl

1 Dose Tomaten in Stücke

1 TL Paprikapulver

600 – 800 ml Wasser

50 g Butter

gehackte Petersilie oder andere frische Kräuter

Paprikasuppe

EINE VEGETARISCHE Suppe mit einem intensiven Geschmack von geröstetem Gemüse. Die Suppe kann als Hauptmahlzeit mit Käsechips oder als Vorspeise serviert werden.

1. Die Paprika, Zwiebeln und Sellerie in Stücke schneiden. Die Knoblauchzwiebel schälen und alles auf ein mit Backpapier ausgelegtes Backofenblech legen. Träufeln Sie reichlich Olivenöl darüber, salzen und pfeffern. Rösten Sie das Gemüse bei höchster Hitze etwa 15 bis 20 Minuten bzw. bis es eine gute Farbe angenommen hat.
2. Das geröstete Gemüse zusammen mit den Tomaten mixen. Danach in eine passende Kasserolle füllen. Wasser und Butter dazugeben. Aufkochen und bei mittlerer Hitze etwa 15 Minuten köcheln lassen. Abschmecken und eventuell noch mehr Salz und Pfeffer dazugeben.
3. Geben Sie direkt vor dem Servieren die gehackte Petersilie oder einen Klecks Pesto (Seite 29) über die Suppe.

E 40 | P 3 | F 6 | K 0

KÄSECHIPS

200 g würziger Käse

1 TL Kräuter, Heureka von Herbaria

Extra! Wenn Sie es zeitlich nicht schaffen Käsechips zu machen, können Sie stattdessen Haloumi in dünne Scheiben schneiden und braten.

Käsechips

EINE SUPER BEILAGE ZUR SUPPE. Aber auch als eigener Snack sehr gut.

1. Reiben Sie den Käse. Verteilen Sie 20 Häufchen auf ein mit Backpapier ausgelegtes Blech. Bei 150 Grad 10 – 15 Minuten backen.

TIPP: Die Käsechips kann man gut mit Kräutern, Kümmel oder Chili würzen. Natürlich auch mit anderen Lieblingsgewürzen. Testen Sie Käsechips mit geriebenem Parmesankäse, die schmecken noch herzhafter.

Geschirr: Die kleine Kasserolle ist von Ikea und das Schneidebrett aus gelben Glas ist aus den 1960er Jahren.

Lauch und Brokkoli

E 294 | P 6 | F 40 | K 5

4 PORTIONEN

- 2 große Stangen Lauch
- 250 g Brokkoli oder einen anderen Kohl wie Wirsing
- 1 l Wasser
- 2 EL Kräuterbutter
- 200 g Frischkäse
- 100 – 200 ml Sahne
- Salz, Pfeffer
- Parmesankäse

1. Schneiden Sie die Wurzelenden und die dunkelgrünen Blätter des Lauchs ab. Waschen und schneiden Sie den Lauch in 2 – 3 cm große Stücke. Legen Sie etwas gehackten Lauch zur Seite. Zerteilen Sie den Brokkoli auch in Stücke. Danach legen Sie das Gemüse in eine große Kasserolle, geben das Wasser hinein und kochen es auf.
2. Bei höchster Wärme etwa 5 – 6 Minuten kochen lassen. Das Gemüse sollte al dente sein. Die Hitze reduzieren. Salzen, pfeffern und bis zur gewünschten Konsistenz pürieren.
3. Nun die Butter, den Frischkäse und die Sahne hinzugeben. Mit einer guten Portion geriebenem Parmesankäse und dem gehackten Lauch servieren.

Blumenkohl mit Parmesankäse

E 420 | P 12 | F 32 | K 6

4 PORTIONEN

- 2 EL Butter oder kaltgepresstes Rapsöl
- 2 – 3 Schalotten
- 500 g Blumenkohl
- 2 Pastinaken (können auch weggelassen werden)
- Salz, weißer Pfeffer
- 50 ml Weißwein
- 600 ml Wasser
- 200 ml Sahne
- 2 Eier
- 50 g geriebener Parmesankäse

1. Schneiden Sie die Schalotten, die Pastinaken und den Blumenkohl in einer Küchenmaschine oder per Hand. Das Gemüse etwa 3 Minuten anbraten. Salzen und pfeffern.
2. Fügen Sie den Wein hinzu und lassen Sie alles etwas kochen. Dann geben Sie das Wasser und die Sahne dazu. Nun etwa 15 Minuten kochen lassen, bis das Gemüse genau richtig weich ist. Nehmen Sie den Topf vom Herd und pürieren Sie alles mit einem Stabmixer. Geben Sie die Eier hinzu, einmal kurz mixen und eventuell noch etwas nachwürzen.
3. Geben Sie den Käse dazu und servieren Sie die Suppe mit Parmachips oder knusprigen Bacon.

TIPP: Die Parmachips sind die einfachste Knabberei und Suppenbeilage der Welt. Legen Sie den Parmaschinken auf ein mit Backpapier ausgelegtes Blech und dann im Backofen bei 150 Grad etwa 10 Minuten trocknen lassen.

Geschirr: Suppenschalen von Höganäs, Kasserolle „Finel för Arabia“, Design Esteri Tomula, um 1970.

E 570 | P 28 | F 38 | K 20

4 PORTIONEN

4 rote oder gelbe Paprika

2 EL Olivenöl oder Butter

2 gelbe Zwiebeln

2 Knoblauchzehen

500 g Champignons

1 TL Salz

1 Prise schwarzer Pfeffer

1 Prise Zimt

1 TL Kreuzkümmel

1 Dose Tomaten

300 g Fetakäse

150 g reifer, geriebener Käse

Extra! Sparen Sie Ihr Geld und reiben den Käse selbst. Gekaufter geriebener Käse enthält häufig Stärke. Greifen Sie zu Käse, wenn er im Angebot ist. Reiben Sie das ganze Stück auf einmal. Wiegen Sie dann immer 200 Gramm ab und frieren ihn ein. Wenn Sie Käse benötigen, nehmen Sie ihn eine Weile vorher aus dem Gefrierschrank.

Gefüllte Paprika

KRETA IST EINS MEINER LIEBLINGSZIELE. Dieses Rezept ist eine sehr freie Interpretation von „Stuffed Peppers", das mir vor einigen Jahren im Sommer in einer kleinen Taverne angeboten wurde.

1. Die Paprika längs teilen und entkernen. Danach in eine gebutterte ofenfeste Form legen.
2. Schälen und hacken Sie sowohl die Zwiebeln als auch die Knoblauchzehen. Schneiden Sie die Champignons in zentimetergroße Stücke. Braten Sie alles 10 – 15 Minuten. Danach würzen.
3. Die Tomaten hinzugeben und alles 10 Minuten kochen. Vom Herd nehmen und etwas abkühlen lassen. Den Fetakäse zerbröseln und in die Gemüsemasse geben.
4. Die Sauce in die Paprika verteilen. Darüber den geriebenen Käse streuen. Im Backofen bei 225 Grad gratinieren, bis der Käse eine schöne Farbe bekommen hat.

TIPP: Statt Champignons können Sie auch Auberginen nehmen, die Sie auf die gleiche Weise schneiden und braten. Sie können das Gericht ebenfalls mit Hackfleisch zubereiten. Auch wenn es dann nicht mehr vegetarisch ist, bleibt es genauso gut.

Auberginengratin

MÖGEN SIE JANSSONS FRESTELSE („Janssons Versuchung“), dann werden Sie selig sein, wenn Sie mein Auberginengratin mit Zwiebeln und Fetakäse probieren. Es schlägt jedes normale Kartoffelgratin.

1. Die Auberginen in zentimeterdicke Scheiben schneiden und auf ein mit Backpapier ausgelegtes Ofenblech legen. Von beiden Seiten mit etwas Olivenöl bepinseln und salzen. Im Backofen bei 200 Grad backen, bis sie eine schöne Farbe bekommen haben.
2. In der Zwischenzeit die Zwiebeln fein schneiden. Ich nehme dazu gerne die Küchenmaschine. Die Zwiebeln bei mittlerer Hitze anbraten. Die Zwiebeln sollen schön braun werden, jedoch nicht verbrennen. Salzen und pfeffern.
3. Legen Sie eine Lage gebackene Auberginen in eine Auflaufform, danach die Hälfte der gebratenen Zwiebeln, Minze, Petersilie und 100 g fein zerbröckelten Fetakäse. Als letzte Lage nehmen Sie wieder Auberginen mit den restlichen Zwiebeln. Zum Schluss geben Sie den restlichen Fetakäse und den geriebenen Käse darüber.
4. Gießen Sie die Sahne über die Masse und stellen die Auflaufform für mindestens 30 Minuten bei 220 Grad in den Backofen. Das Gratin soll eine schöne Farbe haben und die Sahne köcheln.

TIPP: Machen Sie dieses Gratin zur Abwechslung mit Zucchini oder dünnen Selleriescheiben, die Sie im Ofen auf dieselbe Art vorbacken.

E 491 P 52 F 40 K 18

4 -6 PORTIONEN

2 Auberginen, 800 g

3 – 4 gelbe Zwiebeln

2 EL Olivenöl oder Butter zum Braten

1 Paket Fetakäse, 150 g

1 TL getrocknete Minze

15 g feingehackte Petersilie

50 g geriebener, reifer Käse

200 ml Sahne

Salz, Pfeffer

Extra! Auberginen sind ein fantastisches Gemüse mit einem hohen Wassergehalt. Daher sind viele Auberginenrezepte kompliziert. Man sollte die Auberginen vorher salzen und dann 20 – 30 Minuten warten, so entwässern sie. Danach trockentupfen und braten. Ich denke, es ist einfacher, Auberginen im Backofen zu backen.

Geschirr: Auflaufform „Vår“, Rörstrand. Um 1960.

E 500 | P 31 | F 40 | K 3

2 PORTIONEN

400 g frischer Spinat

1 EL Butter

1 EL Olivenöl

2 Knoblauchzehen in Scheiben

6 Eier

2 EL Sahne oder Crème fraîche

Salz, Pfeffer

20 g geriebener Parmesankäse

Extra! Tortilla schmeckt auch kalt sehr gut. Servieren Sie die Tortilla in klein geschnittene Stücke bei einem Büffet oder als kleine Häppchen vor dem Hauptgericht.

Spinattortilla

SPINAT IST NICHT NUR reich an Vitaminen, er enthält auch Folsäure. Außerdem schmeckt er einfach gut. Popeye hatte also nicht ganz Unrecht.

1. Hacken Sie den Spinat mit einem guten Küchenmesser. Braten Sie ihn 1 – 2 Minuten zusammen mit Salz, Pfeffer und Zwiebeln in Butter und Öl.
2. Vermengen Sie die Eier mit der Sahne, den Gewürzen und dem Käse. Geben Sie den Spinat dazu und vermischen alles gut. Danach wie ein Omelett braten.
3. Mit frisch geriebenem Parmesankäse und Salat servieren.

E 935 | P 28 | F 86 | K 10

2 PORTIONEN

500 g Pfifferlinge

2 – 3 EL Butter oder Kokosöl zum Braten

1 TL Thymian

Salz und Pfeffer

150 – 200 ml Sahne

1 EL Butter

6 Eier

2 EL Sahne oder Crème fraîche

30 g feingehackte, glatte Petersilie

Pfifferling Omelett

WENN MEIN MANN STROHWITWER IST, pflegt er sich ein Pfifferlingsandwich zu machen. An einem normalen Dienstag überraschte er mich hiermit.

1. Putzen Sie die Pfifferlinge. Danach in Butter oder Kokosöl anbraten. Würzen und die Sahne dazugeben. Etwa 5 Minuten brutzeln lassen, bis die Sahne fast eingekocht ist. Zur Seite stellen.
2. Die Eier, 2 EL Sahne oder Crème fraîche und die Petersilie mit einer Gabel gut vermengen. Salzen und pfeffern. Erneut Fett in eine Pfanne geben, erwärmen und die Eiermischung hineingeben.
3. Kurz bevor das Omelett fertig ist, geben Sie die Pfifferlingmischung darüber und servieren es.

TIPP: Bereiten Sie eine große Menge zu und frieren Sie kleine Portionen ein, so können Sie von Zeit zu Zeit ein tolles Omelett mit Pfifferlingen genießen. Haben Sie nicht so viele Pfifferlinge? Dann nehmen Sie stattdessen gemischte Pilze.

Geschirr: Teller „Emma“ Design Paul Hoff (Gustavsberg, 1971-77).

Hähnchensalat

mit Currymayonnaise

ÜBERRASCHEND GUT ist dieser herzhafte Salat, der mit übrig gebliebenem Hähnchen- oder Truthahnfleisch gemacht werden kann.

1. Den Salat auf zwei tiefe Teller verteilen. Den Rucola darüber geben.
2. Zwiebel/Lauch, den Apfel und Petersilie/Koriander kleinhacken und mit der Currypaste und der Mayonnaise verrühren.
3. Das Fleisch in Zentimeter große Streifen schneiden und mit der Currymayonnaise vermengen.
4. Die Mischung auf den Salat geben und mit den Cocktailtomaten servieren.

TIPP: Falls Sie keine Currypaste zu Hause haben, können Sie natürlich genauso gut Currypulver verwenden. Um mehr Schärfe zu bekommen, nehmen Sie etwas Sambal Oelek.

E 605 · P 25 · F 52 · K 8 · M

2 PORTIONEN

Gemischter Salat, Eisbergsalat oder Weißkohl 150 g

75 g Rucola

1/4 gelbe Zwiebel oder ein Stück Lauch

1/2 sauren Apfel

1 Handvoll frische Petersilie oder Koriander

100 g Mayonnaise

1 – 2 TL Currypaste

200 g gebratene, gekochte oder gegrillte Hühnchenbrust

6 Cocktailtomaten

Spargelsalat

mit Halloumi und Parmaschinken

1. Den Salat auf zwei tiefe Teller anrichten. Die Enden des Spargels abschneiden und die Stangen mit Rapsöl bestreichen. In einer heißen Bratpfanne einige Minuten rösten.
2. Den Halloumi in Scheiben schneiden und in derselben Pfanne braten. Den Spargel, Käse, Pesto und Mayonnaise auf dem Salat verteilen und servieren.

E 685 · P 31 · F 60 · K 6 · M

2 PORTIONEN

Gemischter Salat, Eisbergsalat oder Weißkohl 150 g

1 Bund grüner Spargel

1 TL kaltgepresstes Rapsöl

150 g Halloumi

1 EL Olivenöl

6 Scheiben Parmaschinken

1 EL Pesto

50 g Mayonnaise

Salz, Pfeffer

Geschirr: Teller „Öresund", Design Nic Hyllestad (Gustavsberg 1913-41).

Quiche

WARUM SOLL MAN SICH EINE QUICHE VERKNEIFEN, wenn man sie doch essen möchte und vertragen kann. Hier ist ein richtig gutes Grundrezept mit einem knusprigen Boden aus Mandelmehl, das in vielen Rezepten vorkommt. Dazu gibt es verschiedene, sehr schmackhafte Füllungen.

1. Geben Sie das Mandelmehl, die Sesamsamen und alle anderen Zutaten in einen Mixer und verquirlen alles zu einem Teig. Verteilen Sie ihn in einer Springform und stechen ihn etwas mit einer Gabel ein. Danach 30 Minuten im Kühlschrank ruhen lassen. Sie können den Teig auch 7 – 8 Minuten vorbacken. Ich mache es nicht.
2. Verquirlen Sie die Eier mit der Sahne oder der Crème fraîche. Salzen und pfeffern.
3. Geben Sie nun die Füllung aus einem der folgenden Rezepte hinzu und backen die Quiche bei 175 Grad etwa 40 Minuten.

E 510 · P 15 · F 48 · K 4

6 PORTIONEN

QUICHEBODEN

180 g Mandelmehl

30 g geschälte Sesamsamen

1 EL extra grobe Weizenkleie

1 EL gemahlene Flohsamenschalen

1/2 TL Salz

40 g Butter

1 Ei

EIER – SAHNE - MISCHUNG

4 – 5 Eier

200 – 300 ml Sahne oder Crème fraîche

Salz, Pfeffer

Spinat und Chèvre

EIN VORTREFFLICHES GESCHMACKSERLEBNIS. Spinat ist ein Spitzengemüse, reich an Geschmack und Mineralien. Es passt perfekt zu Eiern und Ziegenkäse.

1. Bereiten Sie den Quicheboden und die Eiermischung wie oben beschrieben zu.
2. Den Spinat grob, die Knoblauchzehe fein hacken. Den Knoblauch in Butter oder Kokosöl ein paar Minuten bräunen. Den Spinat dazugeben und etwas mitbrutzeln lassen. Würzen.
3. Den Spinat auf den vorgebackenen Quicheboden legen. Vermischen Sie den geriebenen Käse mit der Eiermischung und gießen alles über den Spinat. Darüber den Chèvre legen. Bei 175 Grad 30 – 40 Minuten in den Backofen stellen.

E 700 · P 25 · F 65 · K 5

6 PORTIONEN

1 Quicheboden und Eier – Sahne - Mischung

200 g frischer Spinat

2 EL Butter oder Kokosöl

1 Knoblauchzehe

1 Prise Muskat, Salz und Pfeffer

100 g geriebener Käse

150 g Chèvre in Scheiben

Geschirr: Türkiser Glasteller von Åhléns. Im Hintergrund Glaslaternen „Snöboll", von Kosta und eine gelbe Blumenvase vom dänischen Holmegaard.

E 845 · P 30 · F 78 · K 5

6 PORTIONEN

1 Quicheboden und Eier – Sahne - Mischung

300 g geräuchertes, gewürfeltes Bauchfleisch

1 gehackte gelbe Zwiebel

200 g geriebener Käse

Quiche Lorraine

DIE MUTTER ALLER QUICHES kommt aus Frankreich und heißt Quiche Lorraine. Es sollte unbedingt geräuchertes Bauchfleisch und kein Bacon für die Füllung verwendet werden!

1. Bereiten Sie den Quicheboden und die Eiermischung nach dem Grundrezept zu.
2. Legen Sie das geräucherte Bauchfleisch in eine kalte Bratpfanne und stellen dann die höchste Hitze ein. Geben Sie die Zwiebel hinzu, wenn das Fleisch ausgelassen ist. Dann noch ein paar Minuten braten, bis alles eine schöne Farbe hat, danach die Hitze reduzieren.
3. Fleisch und Zwiebel in die Quicheform füllen. Den Käse mit in die Eiermasse geben, gut verrühren und in die Quicheform gießen. Bei 175 Grad 30 – 40 Minuten backen.

E 706 · P 30 · F 63 · K 5

6 PORTIONEN

1 Quicheboden und Eier – Sahne - Mischung

100 g Brokkoli

1 EL feingehackter Dill

200 g geräucherter Lachs oder 300 g Krabben/ Krebsfleisch in Lake

200 g geriebener Käse

Meeresfrüchte und Lachs

BEKANNT, ABER EINFACH GUT. Meeresfrüchte und Lachs sind die klassischen Füllungen in einer Quiche und passen einfach perfekt zu Dill und Brokkoli.

1. Bereiten Sie den Quicheboden und die Eiermischung nach dem Grundrezept zu.
2. Teilen Sie den Brokkoli in kleine Bukette oder hacken Sie ihn grob. In die Quicheform legen und den Dill darüber streuen.
3. Die Meeresfrüchte oder den Lachs darüber verteilen. Den Käse mit in die Eiermasse geben, gut verrühren und in die Quicheform gießen. Bei 175 Grad 30 – 40 Minuten backen.

Geschirr: Retrobrett von Formgruppen und die weiße Sahnekanne von Högenäs.

Zwiebeln und Sardellen

IRGENDWO AUF KORSIKA wird in meiner Vorstellung diese Quiche mit einem großen Tomatensalat und schwarzen Oliven serviert.

1. Bereiten Sie den Quicheboden und die Eiermischung nach dem Grundrezept zu.
2. Die dünn geschnittenen Zwiebelscheiben bei mittlerer Wärme bräunen, bis sie eine schöne Farbe bekommen haben. Sie sollen nicht anbrennen. Würzen und etwas abkühlen lassen, bevor Sie die Masse in die Quicheform geben.
3. Legen Sie die Sardellen in einem schönen Muster in die Form. Den Käse in die Eiermischung rühren und über die Sardellen gießen. Im Backofen bei 175 Grad 30 - 40 Minuten backen.

TIPP: Statt Sardellen können Sie entsteinte grüne oder schwarze Oliven nehmen. Oder gerne etwas Tapenade. Das ergibt einen feinen salzigen Geschmack.

E 717 P 26 F 63 K 10

6 PORTIONEN

1 Quicheboden und Eier – Sahne - Mischung

3 – 4 gelbe, in Scheiben geschnittene Zwiebeln

2 EL Butter, Kokos- oder Olivenöl

1 TL getrockneter Thymian oder Oregano

Salz, Pfeffer

1 Dose Sardellen

200 g geriebener Käse

Tomate und Fetakäse

DIESE QUICHE kreierte ich für unser Krebsessen – sie hat einen eigenen Charakter, ist aber dennoch mild und passt perfekt zu Meeresfrüchten.

1. Bereiten Sie den Quicheboden und die Eiermischung nach dem Grundrezept zu.
2. Zerbröckeln oder reiben Sie den Fetakäse und geben ihn in die Quicheform. Verteilen Sie die Tomaten und träufeln das Pesto darüber.
3. Rühren Sie den Käse in die Eiermischung und gießen Sie die Mischung in die Form. Im Backofen bei 175 Grad 30 - 40 Minuten backen.

TIPP: Die Cocktailtomaten können gegen normale oder eingelegte sonnengetrocknete Tomaten in Scheiben getauscht werden.

E 675 P 24 F 62 K 6

6 PORTIONEN

1 Quicheboden und Eier – Sahne - Mischung

150 g Fetakäse

12 Cocktailtomaten

1 EL Pesto (siehe Seite 26)

100 g geriebener Käse

Beilagen

WEG MIT KARTOFFELN, REIS UND NUDELN und her mit dem Gemüse. Das ist im Grunde genommen das Einzige, woran Sie denken müssen, wenn Ihre Ernährungsumstellung gelingen soll. Und bis auf wenige Ausnahmen soll es Gemüse sein, das über der Erde wächst. Es gibt viele, die denken, dass es schwer ist, gewohnte Beilagen wie Kartoffeln, Nudeln, Reis und Getreide aus ihrem Alltag zu verbannen. Hier habe ich Beilagen gesammelt, die nur wenige Kohlenhydrate haben. Engländer und Amerikaner nennen sie „side orders“. Also das, was man sich als Beilage zu Fleisch oder Fisch bestellt. In Schweden haben wir keinen schönen Namen dafür. Zubehör klingt ja nicht so wirklich sexy, genauso wenig wie Beilagen. Doch wie gesagt, hier können Sie zwischen zwölf schönen Beilagen wählen, die Kartoffeln, Reis oder Nudeln bestens ersetzen. Was halten Sie von grünen Bohnen mit Eiercreme, Brokkoli mit Mandelsplittern oder geröstetem Kohl mit Kümmel?

AA

Grüne Bohnen

mit Eiercreme

DIESER TOLLE SALAT kann sowohl kalt als auch warm gegessen werden. Klasse zu Lammsteaks und Gegrilltem. Das Gleiche gilt für die warmen Wachsbohnen.

1. Die Bohnen in leicht gesalzenem Wasser ein paar Minuten kochen. Sie sollen noch al dente sein. Bitte lassen Sie die Bohnen gut abtropfen.
2. Die Eier kochen, pellen, klein hacken und mit den Sardellen und der Vinaigrette vermischen. Legen Sie die Bohnen auf einen Teller und geben Sie als Topping die Eier-Sardellencreme darüber.

E 160 | P 8 | F 11 | K 4 | M

4 PORTIONEN

500 g grüne Bohnen
2 Eier
1 Dose Sardellen
feingehackte Petersilie
2 EL Vinaigrette

Extra! Wachsbohnen, grüne Bohnen und Haricots verts enthalten nur halb so viele Kohlenhydrate wie andere Bohnen. Das hängt damit zusammen, dass man von ihnen die ganze Schote isst, einschließlich der kleinen, unreifen Bohnen im Inneren.

Wachsbohnen

in Harissa

1. Die Bohnen in leicht gesalzenem Wasser al dente kochen. Geben Sie die übrigen Zutaten hinzu und servieren Sie sofort. Schmeckt auch kalt gut.

E 70 | P 2 | F 3 | K 6 | M

4 PORTIONEN

500 g Wachsbohnen
1 TL Harissa
1 EL Olivenöl
Salz, Pfeffer

Rosenkohl

mit Sesamsamen

1. Den Rosenkohl ein paar Minuten in leicht gesalzenem Wasser kochen, danach abgießen.
2. Das Öl vorsichtig in einer Bratpfanne erwärmen. Darin den Rosenkohl mehrere Minuten bräunen lassen. Zum Schluss die Sesamsamen hinzugeben. Mit Salz und Pfeffer abschmecken.

E 98 | P 5 | F 5 | K 6 | M

4 PORTIONEN

500 g Rosenkohl
1 EL kaltgepresstes Oliven- oder Rapsöl
1 EL Sesamsamen
Salz, Pfeffer

Geschirr: Weinrote Form, „Jie", Gantofta. Passende Teller aus den 1960er Jahren.

E 170 | P 5 | F 12 | K 9 | M

4 PORTIONEN

500 g kleine Tomaten

1 gelbe Paprika

1 feingehackte rote Zwiebel

Salz, Pfeffer

15 g feingehackte Petersilie

75 g Fetakäse

2 EL kaltgepresstes Oliven- oder Rapsöl

Extra! Gebratene Tomaten passen perfekt zu einem Fetaomelett. Einfach 4 bis 5 Eier in eine Schale verquirlen. 100 g geriebenen Fetakäse dazugeben und gut vermischen. Wenn die Tomaten in der Pfanne durchgebraten sind, die Eiermasse dazugeben und noch ein paar Minuten weiterbraten.

Tomaten nach Art des Hauses

ICH LIEBE Tomaten. Besonders, wenn Saison für schwedische Tomaten ist. Sie enthalten viel Lycopin – ein Stoff, der uns glücklich macht.

1. Die Tomaten und die Paprika in kleine Spalten schneiden. In eine gebutterte Form legen und die Zwiebel dazugeben. Salzen, pfeffern und die Petersilie darüber streuen.
2. Den Fetakäse über das Gemüse zerkrümeln und anschließend mit Öl beträufeln. Im Backofen 30 Minuten bei 200 Grad backen.

E 185 | P 2 | F 17 | K 5 | M

2 PORTIONEN

1 EL kaltgepresstes Oliven- oder Rapsöl

1 EL Butter

250 g Cocktailtomaten

1 EL Pesto (siehe Seite 26)

einige Zweige frische Kräuter

Salz, Pfeffer

Kleine gebratene Tomaten

AB UND ZU KAUFE ICH Cocktailtomaten in einer Schale im Sonderangebot. Dann sind sie oft nicht geschmackvoll, besonders im Winterhalbjahr. Doch wenn sie nach diesem Rezept gebraten werden, schmecken auch diese Minitomaten nach Sonne und Sommer, ganz gleich zu welcher Jahreszeit.

1. Die Tomaten in der Mitte teilen. In einer Bratpfanne vorsichtig das Öl erwärmen und die halben Tomaten dazugeben.
2. Auf jeder Seite ein paar Minuten braten. Danach die Hitze reduzieren und das Pesto hinzugeben. Einige Minuten brutzeln lassen. Die feingehackten Kräuter darüber streuen, mit Salz und Pfeffer abschmecken.

Geschirr: Die Quicheform aus Glas ist von Arolac auf einer Vintage Decke aus Leinen.

Gerösteter Brokkoli

mit Mandelplättchen

E 106 · P 5 · F 6 · K 4 · M

4 PORTIONEN

500 g frischer Brokkoli

Salz, Pfeffer

1 TL Grillgewürz z. B. Mapuche Fire von Herbaria

20 g Mandelblättchen

1 EL kaltgepresstes Oliven- oder Rapsöl

SIND SIE ES AUCH LEID, GESCHMACKLOSEN und zu lange gekochten Brokkoli zu essen? Dann probieren Sie diese Variante, in der der Geschmack und einiges mehr erhalten bleibt.

1. Den Brokkoli längs teilen und in eine Auflaufform legen.
2. Die Mandeln darüber streuen, ebenso Salz, Pfeffer und das Grillgewürz.
3. Das Öl darüber träufeln und bei 225 Grad im Backofen für 15 – 20 Minuten rösten.

Pastinakenpommes

E 118 · P 2 · F 4 · K 14 · M

4 – 6 PORTIONEN

800 g Pastinaken

1 – 2 EL kaltgepresstes Oliven-oder Rapsöl

Salz, Pfeffer

1 Prise Chilipulver nach Geschmack

PASTINAKEN SIND EIN kleines aber feines Wurzelgemüse, das einen gewissen Anteil Kohlenhydrate enthält. Doch wesentlich weniger als Kartoffeln, allerdings mehr als Karotten oder Rote Bete. Sellerie dagegen enthält weniger als 5 Gramm Kohlenhydrate in 100 Gramm, damit können Sie auch tolle Pommes machen.

1. Die Pastinaken schälen und vierteln. Den groben Teil vom Stamm abschneiden und eventuell noch einmal teilen.
2. Danach in eine gebutterte Form oder auf ein mit Backpapier ausgelegtes Backblech legen. Mit Öl beträufeln, salzen und würzen.
3. Im Backofen bei 225 – 250 Grad backen, bis die Spalten eine schöne Farbe bekommen haben. Das dauert etwa 15 bis 20 Minuten.

Geschirr: Auflaufform aus Frankreich. Küchenhandschuh aus Leinen mit Küchenmotiven.

E 128 | P 2 | F 7 | K 11 | M

4 – 6 PORTIONEN

1 ½ kg Paprika

Salz, Pfeffer

3 Knoblauchzehen

1 EL Zitronensaft

3 EL kaltgepresstes Oliven-oder Rapsöl

frische Petersilie oder Koriander

Paprikasalat

ALS MEINE OMA uns zu einem Salat aus getrockneten Paprika einlud, war das sozusagen eine Liebe mit dem ersten Biss. Als sie uns essen sah, meinte sie, Eile mit Weile, denn sie hatte mehrere Kilo Paprika eigenhändig geröstet, enthäutet und sie über ihrem Gasherd über Nacht trocknen lassen. Danach wurden die Paprika über 24 Stunden in Olivenöl eingelegt. Ich selbst habe keinen Gasherd und vor allem nicht so viel Geduld, daher gibt es diese schnelle Variante, die zudem etwas praktischer ist.

1. Die Paprika halbieren und entkernen. Die Hälften mit der Haut nach oben auf ein mit Backpapier ausgelegtes Blech legen. Auf der höchsten Stufe so lange grillen, bis die Haut Blasen wirft und schwarze Flecken bekommt.
2. Aus dem Ofen nehmen und die Paprikahälften in einer Plastiktüte eine Weile abkühlen lassen. Dann die Haut per Hand abziehen. Das kann etwas knifflig sein, ein kleines Messer kann gute Hilfe leisten.
3. Die Hälften auf einen großen Teller legen, salzen und pfeffern. Mit einem scharfen Messer die Knoblauchzehen so dünn wie möglich schneiden und über die Paprika geben. Zitronensaft und Öl darüber träufeln.
4. Petersilie oder Koriander grob hacken und über den Paprikasalat streuen, der entweder direkt serviert oder ein paar Tage im Kühlschrank verwahrt werden kann.

TIPP: Ich habe nur rote Paprika genommen. Doch Sie können gerne verschiedene Farben mischen. Also auch rote, gelbe und orange Paprika nehmen. Grüne Paprika sind nicht zu empfehlen, die werden bitter.

Geschirr: Teller „Rätt mat hela dagen", Design Sven Johansson für KF (Gustavsberg, um 1970).

Rote Bete Salat

mit Chèvre und Rucola

ICH STEHE AUF ROTE BETE! Ich weiß nicht, ob es die Farbe, der Geschmack oder der Fakt ist, dass Rote Bete so gesund ist, aber ich liebe sie einfach.

1. Rote Bete waschen und in leichtem Salzwasser kochen. Das dauert mindestens 30 – 40 Minuten, je nach Größe und Frische. Danach mit kaltem Wasser abspülen und nach einer Weile schälen. In Scheiben oder Spalten schneiden.
2. Legen Sie den Rucola in eine Schale und geben Sie die Rote Bete darüber. Pellen und hacken Sie die Zwiebel und legen sie ebenfalls in die Schale.
3. Öl, Zitronensaft, Salz und Pfeffer miteinander vermischen und über den Salat träufeln. Machen Sie mit dem gekrümelten Ziegenkäse das Topping.

TIPP: Nehmen Sie Handschuhe, wenn Sie die Rote Bete schälen, sonst bekommen Sie schnell verfärbte Hände. Die Rote Bete lässt sich, anstatt sie zu kochen, auch gut im Ofen backen, eine halbe Stunde bei 200 Grad. Doch schälen und schneiden Sie die Rote Bete dann vorher.

E 156 · P 5 · F 10 · K 10 · M

6 PORTIONEN

600 g frische Rote Bete

75 g Rucola, Spinat oder Machésalat

1 kleine rote Zwiebel

Salz, Pfeffer

2 EL Olivenöl

1 EL Zitronensaft

100 g Ziegenkäse

Extra! Rote Bete ist ein sehr gesundes Wurzelgemüse, mit vielen Antioxidantien und sekundären Pflanzenstoffen, wie Nitrat und Betain, welchen man nachsagt, dass sie gut für Herz und Gehirn sind. Ebenfalls sollen diese Stoffe das Risiko für Alzheimer und Demenz verringern.

Avocadosalat

EIN ALTES LIEBLINGSESSEN von mir, als ich noch in den USA wohnte. Obwohl es dort mit Grapefruit serviert wurde, anstatt mit Kapern.

1. Kapern, Öl, Zitronensaft, Salz und Pfeffer in einer kleinen Schale verrühren.
2. Die Avocados schälen und in Scheiben schneiden. Danach in eine Schüssel legen. Darüber das Kaperndressing träufeln und sofort servieren.

E 345 · P 3 · F 33 · K 7 · M

4 PORTIONEN

2 EL Kapern

3 EL kaltgepresstes Raps- oder Olivenöl

1 EL Zitronensaft

Salz, Pfeffer

4 Avocados

Geschirr: Grüne Dessertschalen „Ring", Design William Stenberg (Gullaskruf, 1933-39).

E 160 | P 2 | F 15 | K 3 | M

4 - 6 PORTIONEN

1/4 Weiß- oder Rotkohl

Saft einer 1/2 Zitrone

1 TL Salz

100 g Mayonnaise

1 Prise Fenchelsamen

1 Prise Pfeffer

1 EL grobkörniger Dijonsenf (wahlfrei)

Krautsalat

ES GIBT KEIN LOW CARB-KOCHBUCH ohne diesen weltberühmten Kohlsalat. Ein sättigender, guter und vielseitig anwendbarer Salat. Geben Sie gerne ein paar getrocknete Fenchelsamen oder etwas grobkörnigen Senf für einen feineren Geschmack hinzu.

1. Den groben Stiel des Kohls wegschneiden und den Kohl in einer Küchenmaschine oder mit einem scharfen Käsehobel in feine Streifen schneiden.
2. Salz und Zitronensaft hinzugeben. Umrühren und 10 Minuten stehen lassen. Eventuell den Saft abgießen. Den Kohl mit der Mayonnaise vermischen. Bei Bedarf noch etwas mehr Senf dazugeben. Würzen.

TIPP: Probieren Sie alternativ dieses Rezept mit Fenchel oder dünnen Selleriestangen, die Sie zuerst ein paar Minuten in leicht gesalzenem Wasser kochen. Das ist genauso hervorragend.

E 100 | P 6 | F 6 | K 7 | M

4 - 6 PORTIONEN

1/2 Weiß- oder Rotkohl

Salz, Pfeffer

1 TL Gewürze

1 – 2 EL Öl

Gerösteter Kohl

BLUMENKOHL, SPITZKOHL UND WEISS- ODER ROTKOHL können wie Bratkartoffeln zubereitet werden.

1. Schneiden Sie den Kohl in mäßig große Stücke (was mäßig groß genau bedeutet, hängt davon ab, wie eilig Sie es mit dem Abendessen haben), salzen und pfeffern. Träufeln Sie das Öl darüber und geben Sie Gewürze wie Kreuzkümmel, Curry, Kräuter und Chili dazu.
2. Die Stücke im Backofen bei 225 Grad etwa 15 – 20 Minuten rösten.

Geschirr: Grüne Glasschale „Reffla", Design Arthur Percy (Gullaskruf, um 1950).
Kleine Platte aus Deutschland mit Apfelmotiv, um 1960.

Das kleine Extra

ETWAS SÜSSES ZUM NACHTISCH. Das sollte man sich wohl ab und an leisten können, oder? Natürlich! Ein tolles Dessert ist eine gute Art und Weise, ein schönes Essen abzurunden. Vielleicht nicht jeden Tag, sondern zu Festen und wenn Sie mit guten Freunden zusammen sitzen. Oder wenn Sie etwas zu zweit mit Ihrem/Ihrer Liebsten feiern. Nachtische bedeuten zu 99 Prozent Genuss und Belohnung. In meiner alten Heimat Frankreich gab es oft sowohl nach dem Mittag- als auch nach dem Abendessen etwas extra Gutes. Das Tüpfelchen auf dem I darf gerne süß sein, jedoch nicht immer. Die Franzosen essen gerne ein Stück Käse oder auch zwei (hier in Schweden heißt das Dessertkäse, doch diesen Ausdruck gibt es in Frankreich nicht), frisches Obst oder etwas Naturjoghurt nach dem Essen. Früher machte ich immer eine große Sache daraus, etwas richtig Zuckerhaltiges zum Nachtisch zu reichen. Für mich selbst spielt der Nachtisch jetzt kaum noch eine Rolle. Das hängt sicher damit zusammen, dass mein Verlangen, etwas Süßes zu essen, gegen Null geht und meine Geschmacksknospen sehr viel zuckerempfindlicher geworden sind. Doch trotzdem finde ich es ab und an sehr schön, nach dem Essen etwas zu servieren, über das sich alle freuen. Ich bereite allerdings keine zuckerhaltigen Desserts mehr zu, stattdessen lade ich zu natürlichen Süßigkeiten ein. Wenn es sich vermeiden lässt, nehme ich keine Süßstoffe. Ich nehme lieber Sahne, Beeren, Früchte, Nüsse und auch manchmal kleinste Mengen Honig, der die Süße gibt. Mein absoluter Favorit beim Dessert ist jedoch der kleine Käseteller mit drei Sorten, gerne mit einem halben Glas Rotwein dazu. Dann jubeln meine Geschmacksknospen vor Glück!

E 121 · P 4 · F 5 · K 10 · M

4 PORTIONEN

4 frische Feigen

4 Scheiben Chèvrekäse, 75 g

1 TL Dessertgewürze, Provenzialische Wildblumen von Herbaria

1 EL Olivenöl oder flüssiger Honig

Gratinierte Feigen

FRISCHE FEIGEN sind sehr süß, passen jedoch perfekt zu dem säuerlich schmeckenden Ziegenkäse.

1. Die Feigen in der Mitte teilen und in eine kleine gefettete Auflaufform oder direkt auf Backpapier legen.
2. Legen Sie auf jede Feigenhälfte eine Scheibe Käse und gratinieren Sie diese bei 225 Grad etwa 5 Minuten im Backofen, bis der Käse eine goldene Farbe bekommt.
3. Vermischen Sie die Dessertgewürze mit dem Öl oder dem Honig und träufeln Sie die Mischung über die gratinierten Feigen.

GUTE FRANZÖSISCHE SORTEN

- Roquefort
- Brie de Meaux
- Comté, nussiger Hartkäse

GUTE ITALIENISCHE SORTEN

- Parmesan
- Gorgonzola
- Ricotta, weicher Schafskäse

GUTE SCHWEDISCHE SORTEN

- Kvibille, Sahnekäse
- Västerbottenkäse

Perfektes Käsetrio

DIE FRANZOSEN haben die gute Angewohnheit, Käse nach den Mahlzeiten zu essen. Drei ausgewählte Stücke reichen auf jeden Fall.

1. Nehmen Sie einen Hartkäse, einen Schimmelkäse und einen cremigen Käse wie Brie. Französisch, schwedisch oder italienisch, mischen Sie gerne die Sorten, die Sie gerne essen.
2. Nehmen Sie den Käse rechtzeitig aus dem Kühlschrank, denn er sollte immer bei Raumtemperatur gegessen werden. Servieren Sie ihn mit Körnerknäckebrot und Butter.

Geschirr: Kleiner ofenfester Teller von Laholms Keramik, um 1940.

Schokoladenmousse

SCHOKOLADENMOUSSE MACHT GLÜCKLICH – eine Kombination aus Eier, Sahne und dunkler Schokolade ist etwas, was das Herz erwärmt. Mit Lakritzgeschmack erreicht der Genuss himmlische Qualität.

E 228 | P 5 | F 22 | K 3

6 – 8 PORTIONEN

3 Eier

einige Salzkörner

250 ml Sahne

1 Prise Vanillepulver

100 g dunkle Schokolade, mindestens 70% Kakaogehalt

1 TL Lakritzpulver oder 1 TL Dessertkräuter z. B. Dunkler Divan, Herbaria (kann aber auch weggelassen werden)

1. Die Eier trennen. Das Eigelb beiseite stellen. Das Eiweiß mit etwas Salz ganz steif schlagen. Die Sahne zusammen mit dem Vanillepulver schlagen, jedoch nicht zu steif.
2. Die Schokolade im Wasserbad oder in der Mikrowelle schmelzen. Dann die geschmolzene Schokolade aus dem Wasserbad nehmen. Das Eigelb und das Lakritzpulver einrühren.
3. Die Schokoladenmasse vorsichtig unter das geschlagene Eiweiß heben, bis eine glatte Masse entsteht. Danach die Sahne ebenfalls unterheben.
4. Geben Sie die Mousse in kleine Schälchen oder Gläser, legen Sie Plastikfolie darüber und stellen Sie sie in den Kühlschrank. Die Mousse ist nach zwei Stunden servierfähig, kann jedoch auch über Nacht im Kühlschrank stehen bleiben. Sie hält sich gekühlt sogar ein paar Tage. Servieren Sie die Mousse mit ein paar Beeren und etwas geschlagener Sahne.

TIPP: Das Eigelb wird in der warmen Schokolade sehr schnell fest. Dadurch ist es manchmal schwer, eine glatte Mousse zu bekommen, wenn Schokolade und Eiweiß miteinander verrührt werden. Ich nehme daher die Hälfte der geschmolzenen Schokolade und die Hälfte des Eiweißes, rühre alles vorsichtig zu einer glatten Mousse zusammen und mache es mit dem Rest genauso.

Extra! Probieren Sie die Masse mit Kaffeegeschmack. Dafür nehmen Sie einfach 1 TL lösliches Kaffeepulver. Oder warum nicht auch mal 1 EL Cognac – für die Erwachsenen.

Geschirr: Kaffeetasse „Anita", 1970, Gustavsberg.

E 43 · P 1 · F 3 · K 3 · M

20 STÜCK

100 g dunkle Schokolade, mindestens 70% Kakaogehalt

600 g Erdbeeren

Extra! Früchte sind Süßigkeiten. Das ist der Tenor der schwedischen Gesundheitsbehörde seit den 80er Jahren. Und einige Zeit davor bekam man Süßigkeiten nur an Samstagen. Wenn Sie sehr zuckerempfindlich sind, dann ist dieses Dessert leider nicht für Sie geeignet.

Schokoladenbeeren

LECKER! Erdbeeren mit Schokolade, beides einfach wunderbar.

1. Die Schokolade im Wasserbad oder in der Mikrowelle schmelzen. Danach die Erdbeeren nach und nach darin tunken.
2. Auf Backpapier trocknen lassen, gerne im Kühlschrank. Am besten am gleichen Tag servieren oder so lange die Erdbeeren frisch aussehen.

E 185 · P 2 · F 20 · K 17

6 PORTIONEN

600 g Erdbeeren

1/2 Netz- oder 1 Cantaloupe-Melone

1 TL Vanillepulver

1 Limette, Saft und Zesten

200 – 300 ml Sahne

Sommersalat

DIE SÜSSE DES SOMMERS vereinigt sich in diesem Dessert auf eine phantastische Art. Mitte Juli ist in Schweden sowohl für Erdbeeren, als auch für Melonen Hochsaison. Da kann man die Gelegenheit nutzen und sich diese zwei Köstlichkeiten gönnen.

1. Die Erdbeeren teilen. Die Melone schälen und in gleich große Stücke schneiden, alles in eine Schale legen.
2. Vanillepulver, die Zesten der Limette und den Saft dazugeben. Servieren Sie den Salat mit einem Klecks Sahne oder Rahmjoghurt

Äpfel aus dem Ofen

E 300 · P 2 · F 25 · K 17

DIESES VORTREFFLICHE DESSERT GENIESST man besonders im Herbst und zu Weihnachten. Am besten nimmt man kleine schwedische Äpfel wie Cox Orange. Die Füllung ist aus Butter, Zimt und gehackten Nüssen.

1. Die Äpfel waschen und das Gehäuse herausschneiden. Die Nüsse hacken und mit der Butter und den Gewürzen mit einer Gabel vermischen.
2. Füllen Sie die Buttermasse in die Äpfel und stellen Sie sie in eine gebutterte Form. Im Backofen etwa 15 – 20 Minuten bei 200 Grad backen. Mit Sahne und Zitronenzesten servieren.

TIPP: Damit die Äpfel nicht im Backofen explodieren, stechen Sie sie mit einer Gabel oder einem spitzen Messer ringsherum ein.

6 PORTIONEN

6 kleine einheimische Äpfel

1 EL Zimt oder Kardamom

50 g Butter

50 g Walnüsse

200 ml Sahne

Zitronenzesten

Gebratene Nektarinen

E 302 · P 3 · F 27 · K 10

NEKTARINEN HABEN eine feine Säure, die ich besonders mag und die hervorragend zu Zimt passt. Die Kombination ergibt ein schönes Toffeearoma und ist in der Verbindung mit Walnüssen einfach perfekt.

1. Die Nektarinen teilen und den Kern entfernen. In dünne Stücke schneiden, Zimt darüber streuen und einige Minuten in Butter braten.
2. Die Walnüsse in einer zweiten Pfanne rösten. Mit Schlagsahne oder Rahmjoghurt servieren. Gerne mit etwas Vanillepulver verfeinern.

TIPP: Sie können auch Pfirsiche, Äpfel, Birnen oder andere Früchte nehmen.

4 PORTIONEN

3 kleine Nektarinen

1 EL Butter

½ TL Zimt

40 g Walnüsse

200 ml Sahne

1 Prise Vanillepulver

Geschirr: Kleine Platte „Bengali" (Rörstrand, 1948-56) und die einfarbige, weinrote Platte ist aus derselben Zeit.

E 4641 P 90 F 552 K 116

1 KUCHEN

260 g Mandelplättchen

400 g dunkle Schokolade, 70 – 80% Kakaogehalt

90 g Kokosöl, mit oder ohne Geschmack

200 ml Sahne

2 EL Butter

2 EL Schokoladen-gewürz, Dunkler Divan von Herbaria

2 TL Vanillepulver

Extra! Wenn Sie gegen Mandeln allergisch sind, dafür aber Kokos mögen, tauschen Sie die Mandeln gegen Kokos-chips. Die gibt es in gut sortierten Geschäften und im Internet zu kaufen.

Kalter Hund

EIN KLASSIKER, den ich statt Pralinen zu Weihnachten machte. Doch er kann das ganze Jahr über gut zu einer Tasse Kaffee oder Tee gegessen werden.

1. Die Mandelplättchen kurz in einer Bratpfanne rösten.
2. Die Schokolade hacken. Die Sahne in einer Kasserolle erwärmen und darin die Schokolade bei geringer Wärme schmelzen lassen. Danach die Butter und das Gewürz hinzugeben.
3. Die Masse in eine längliche Form, etwa 10 x 20 cm, füllen und für einige Stunden in den Kühlschrank stellen.

TIPP: Für diesen Kalten Hund habe ich einen wunderbaren Schokoladengeschmack gewählt, „Dunkler Divan von Herbaria", das nur ökologische Gewürze enthält. Sie können jedoch ebenso gut andere Gewürze nehmen:

- 1 EL fein gemahlenes Kaffeepulver
- 1 EL Lakritzpulver
- die Zesten einer Limette
- die Zesten einer Apfelsine
- 1 EL Cognac oder einen anderen ungesüßten Schnaps
- 1 TL Lebkuchengewürz

Geschirr: Kaffeetasse „Blå Aster", Design Stig Lindberg (Gutstavsberg, um 1970). Das Schneidebrett ist von Arabia und ein kleiner Dessertteller mit Lochmuster.

CEM PORCENTO
CHÁ VERDE
CEM PORCENTO

Und Backen?

J**A, WAS MACHT MAN MIT DEM GANZEN GEBACKENEN:** Zimtschnecken, Brot, die knusprigen Schweden-Brödli, Gebäck, Torten, Baiser und die wundervollen Zuckerkuchen? Ganz zu schweigen von Safrangebäck und Semlor (mit Marzipan und Sahne gefüllte Windbeutel).

Da heißt es, sich auf Neues einzustellen. Doch man muss ein echter Profi sein, um gute Alternativen zu finden, die dem Original nahe kommen. Mit Schwedens Meisterbäckern zu konkurrieren, ist nicht mein Ansinnen. Das lasse ich sein.

Deswegen finden Sie auch nur wenige Rezepte mit Brot und Backwerk in „Aus Liebe zum Essen". Backen ohne Weizenmehl und Zucker macht nicht wirklich Spaß und deswegen habe ich es auf ein Minimum reduziert. Und wenn ich ehrlich bin, denke ich nach wie vor, dass „richtig" zu backen noch immer am besten ist. Doch ich vermisse das überhaupt nicht.

Ich denke, es ist nicht gut, jeden oder jeden zweiten Tag Low-Carb-Brot oder Backwerk in sich hineinzustopfen. Ganz egal, wieviel LCHF-konforme Zutaten sie enthalten. Ich bevorzuge es, EIN Ministück Safrangebäck aus Weizen am St. Lucia-Tag zu essen. Danach nicht mehr.

Hier finden Sie ein paar Brot-, Knäckebrot- und Quiche-Rezepte, die ich ab und an backe. Das ist eine Alternative, die ich in Ordnung finde. Alles ohne Backeiweiß, Süßstoff oder anderen Zutaten von schlechter Qualität.

E 210 | P 4 | F 17 | K 8 | M

10 STÜCK

2 weiche Bananen

2 Eier

60 g Mandelmehl

120 g Haselnussmehl

50 g Kokos- oder 50 ml kaltgepresstes Rapsöl

2 TL Kardamom

2 TL Zimt

2 TL Ingwer

2 TL Backpulver

1/2 TL Vanillepulver

60 g Preiselbeeren

Bananenmuffins

MMH, SCHMECKEN WIE Pfefferkuchen. Dieses Rezept habe ich von einem Leser der Zeitschrift "Ernährung und Gesundheit", der mehrere Rezepte an die Redaktion geschickt hat. Allerdings habe ich Kakao gegen Lebkuchengewürze getauscht und die Preiselbeeren hinzugefügt.

1. Die Bananen (die gerne überreif sein dürfen) mit einer Gabel zerdrücken und mit allen anderen Zutaten vermischen.
2. Den Teig in 10 Muffinförmchen verteilen. Bei 175 Grad etwa 20 Minuten backen.

E 188 | P 4 | F 17 | K 3

12 STÜCKE

40 g Pinienkerne

1 Prise Kardamom

100 g dunkle Schokolade, 70-80% Kakaoanteil

125 g Butter

1 TL Vanillepulver

4 Eier

Schokoladenkuchen

WENN SIE DUNKLE SCHOKOLADE MÖGEN, dann ist der Kuchen wie für Sie gemacht. Zu diesem Rezept wurde ich von Klara Desser, Kochbuchautorin und Designerin, inspiriert, die genau wie ich aus Lund kommt.

1. Eine Springform mit Backpapier auslegen. Die Kanten mit Butter einfetten. Die Pinienkerne rösten und das Kardamom darüber streuen.
2. Die Schokolade hacken und bei niedriger Wärme schmelzen. Das Vanillepulver einrühren und abkühlen lassen.
3. Die Eier teilen. Das Eigelb und das Eiweiß getrennt mixen. Die Schokolade in das schaumig geschlagene Eigelb einrühren und diese Masse mit dem steif geschlagenen Eiweiß vermischen. Die Pinienkerne hacken und die Hälfte davon in den Teig einrühren.
4. Den Teig in die Form füllen und bei 150 Grad etwa 20 Minuten backen. Mit leicht geschlagener Sahne und dem Rest der Pinienkerne servieren.

Geschirr: Teller mit Fuß, Laholms Keramik. Design Ulla Sönnerstam, um 1950.

Einfacher Auflauf

mit Sommerbeeren

SICHER SEHNEN SIE SICH nach den wunderbaren Beeren vom Sommer. Hier ist ein einfacher Auflauf mit gefrorenen Beeren, der auch im Herbst und Winter schmeckt.

1. Den Backofen auf 175 Grad vorwärmen. Alle trockenen Zutaten in einer Schüssel oder Küchenmaschine vermischen. Die Butter schmelzen, den Honig dazugeben und mit den anderen Zutaten verrühren.
2. Die Beeren in eine gebutterte Auflaufform legen. Die Beeren müssen nicht aufgetaut werden. Den Teig darauf verteilen und 20 Minuten backen. Servieren Sie die lauwarme Quiche mit leicht geschlagener Sahne.

TIPP: Es wird eine ganz andere Quiche, wenn Sie Kardamom gegen Zimt und die Beeren durch Birnenscheiben ersetzen.

E 235 | P 4 | F 21 | K 5

6 STÜCK

- 60 g Mandelmehl
- 5 EL Kokosmehl
- 1 EL gemahlene Flohsamenschalen (Fiberhusk)
- 2 EL feingehackte Walnüsse
- 1 TL Vanillepulver
- 1 Prise Kardamom
- 2 TL Backpulver
- 100 g geschmolzene Butter
- ½ TL Honig (kann auch weggelassen werden)
- 250 g gefrorene Sommerbeeren (Himbeeren, Blaubeeren, Brombeeren und Johannisbeeren)

Geschirr: Quicheform „Koka Blå", Design Hertha Bengtsson (Rörstrand, 1967-82). Kaffeetassen „Adam", Design Stig Lindberg (Gustavsberg), Teller „Blå eld", Design Hertha Bengtsson (Rörstrand), Küchenhandtuch, Design Marianne Westman (Almedahls).

E 178 · P 5 · F 16 · K 2

30 SCHEIBEN

150 g Mandelmehl

150 g Haselnussmehl

30 g Kokosmehl

50 g Sesamsamen

70 g ganze Leinsamen

30 g gemahlene Flohsamenschalen

2 TL Backpulver

1 TL Salz

6 Eier

100 g Frischkäse

200 g Crème fraîche

100 g Kokos- oder 100 ml Rapsöl oder geschmolzene Butter

100 ml Sahne

1 TL Mohn oder Sesam

Helenas leckeres Brot

MEINE SCHWÄGERIN BEGANN mit ihrer Gesundheitsreise ungefähr zum gleichen Zeitpunkt wie ich. Einmal lud sie zu diesem leckeren Brot ein und seitdem habe ich es oft nachgebacken.

1. Den Backofen auf 175 Grad vorwärmen. Alle trockenen Zutaten in eine Schüssel geben. Die restlichen Zutaten in einer anderen Schüssel mit einem Pürierstab oder elektrischen Mixer gut miteinander verrühren.
2. Danach alles zusammen verrühren und in eine mit Backpapier ausgelegte Brotform füllen. Ein wenig Sesam oder Mohn darüberstreuen. Etwa 60 Minuten backen.

E 80 · P 3 · F 7 · K 1 · M

24 STÜCK

250 g Sonnenblumenkerne

35 g Leinsamen

25 g Sesam

30 g helle Flohsamenschalen

35 g Kürbiskerne

3 EL gemahlene Flohsamenschalen (Fiberhusk)

1 TL Brotgewürze

1 TL Salz

300 ml Wasser

1 EL Kokosöl

Körnerknäckebrot

EIN KLASSISCHES REZEPT für Körnerknäckebrot. Es ist ganz leicht zu mischen, benötigt allerdings etwas Zeit, um im Backofen zu trocknen. Besonders gut zu einem Käsebrett.

1. Vermischen Sie alle Zutaten. Einige Minuten quellen lassen. Auf zwei mit Backpapier ausgelegte Bleche verteilen. Mit einem scharfen Messer in Rauten schneiden, nach dem Backen wiederholen.
2. Bei 150 Grad etwa 30 Minuten backen. Danach die Temperatur eventuell auf 125 Grad senken und weitere 30 Minuten backen. In Rauten schneiden. Den Ofen ausschalten und das Knäckebrot bei leicht geöffneter Klappe nachtrocknen lassen.

TIPP: Das Brotgewürz kann auch gegen Kardamom, getrocknete Kräuter oder Kümmel ausgetauscht werden oder Sie probieren es einmal mit 50 g feingehackten Walnüssen.

ST. PAULS CATHEDRAL FROM FLEET STREET

Frühstück und Getränke

L**AUT WIKIPEDIA ENTHÄLT** das schwedische Frühstück gewöhnlich ein warmes oder ein kaltes Getränk. Das kann Kaffee, Tee, Milch oder Saft sein, dazu gibt es ein belegtes Brot. Das Frühstück kann jedoch auch aus Sauermilch mit Frühstücksflocken oder Brei bestehen. Ungeachtet dessen, ist das traditionelle schwedische Frühstück reich an Kohlenhydraten.

Dann gibt es auch die Menschen, die gar nicht frühstücken. Das ist etwas, worüber sich die Diätberater beklagen. Schließlich ist das Frühstück etwas, worauf man nicht verzichten darf, so ist es uns allen eingeprägt worden. Doch wir sind alle verschieden und ich glaube nicht, dass die Steinzeitmenschen sich am Morgen mit viel Essen vollgestopft haben. Ich glaube eher, dass sie zuerst gearbeitet und dann gegessen haben. Außerdem wissen wir, dass sie kein Getreide gegessen haben.

Ich selbst habe meine Frühstücksgewohnheiten radikal umgestellt. 30 Jahre lang habe ich jeden Morgen Haferbrei gegessen. Wenn ich Urlaub im Ausland verbrachte, dann gehörten meine Haferflocken genauso selbstverständlich in mein Gepäck wie Pass, Geld und Tickets.

Als ich mit LCHF begann, ersetzte ich den Haferbrei durch Rührei, zubereitet aus ein paar Eiern, etwas Sahne und Kokosfett oder Butter für die Bratpfanne. Zu meiner größten Verwunderung war ich den ganzen Vormittag satt, ohne bereits gegen 11 Uhr von einer Heißhungerattacke überfallen zu werden. Und tatsächlich fehlt mir der Brei nicht.

Ich lade Sie ein zu Alternativen wie Müsli, Pfannkuchen, Rührei und pfiffigen Getränken, die Sie wesentlich länger satt halten als ein übliches schwedisches Frühstück.

E 394 · P 15 · F 36 · K 1

1 PORTION

2 – 3 Eier

2 EL Sahne oder Crème fraîche

1 Prise Salz

frisch gemahlener Pfeffer

1 EL Butter oder Kokosfett zum Braten

Das beste Rührei

EIN OPTIMALES FRÜHSTÜCK. Schnell zubereitet und sättigend. Ich esse sehr gerne etwas Grünes zum Rührei und so gut wie nie Bacon. An manchen Tagen gebe ich mehr Fett und manchmal mehr Protein hinzu.

1. Das Ei, die Sahne und die Gewürze mit einer Gabel aufschlagen. Das Fett vorsichtig in einer kleineren Pfanne oder Kasserolle mit dickem Boden erwärmen.
2. Die Eiermasse in die Pfanne geben und wenn das Rührei fast fest ist, einmal umrühren und direkt servieren.

Fünf gute Beilagen

✓ Zwei Scheiben kaltgeräucherter Lachs und Gurkenscheiben

✓ Krabbendip bestehend aus 2 EL Mayonnaise, 2 EL geschälten Krabben und einem Stück dünn geschnittenen Staudensellerie

✓ Ein Stück kräftiger Käse und 1 EL Nussmischung

✓ Einige Cocktailtomaten und ½ Paprika

✓ ½ Avocado mit oder ohne einem Klecks Mayonnaise

Extra! Mit Eiern ist es wie mit den meisten anderen Lebensmitteln. Ökologisch bedeutet bessere Ernährung und bessere Qualität. Und bitte beachten Sie, dass Eier eine wesentlich längere Haltbarkeit haben, als auf der Verpackung steht. Sie sind zwei bis drei Monate zu verwerten. So können Sie sich gut einen Vorrat anlegen, wenn die Eier im Sonderangebot sind.

Ein Ei in der Tasse

DAS IST DIE SCHNELLE VARIANTE VOM RÜHREI. So lässt sich mein Lieblingsfrühstück superschnell zubereiten. In nur 60 Sekunden ist das Ei in der Tasse in der Mikrowelle fertig.

1. Vermischen Sie 1 Ei und 2 EL Sahne mit einer Gabel in einer Tasse. Geben Sie etwas Salz und Chilipulver hinzu.
2. Bei höchster Stufe für 30 Sekunden in die Mikrowelle stellen. Danach einmal umrühren und weitere 30 Sekunden in die Mikrowelle stellen. Herausnehmen und erneut umrühren.
3. Einen Klecks Butter hinzugeben und verrühren. Vorsichtig genießen, damit Sie sich nicht die Zunge verbrennen.

Geschirr: Teller „Texas“, Rörstrand. Rechteckiger Keramikteller von Gantofta. Ein englisches Leinenhandtuch mit einem Londonmotiv.

WESTMINSTER ABBEY
CATHEDRAL
HALL
NEWGATE ST
ST. PAULS CATH.
TOWER
BUSES

Sandwich

mit Eiermayonnaise

1. Die Eier klein hacken. Die Mayonnaise und Sambal Oelek/Currypaste dazugeben. Ebenso den Sellerie und die Paprika und dann alles miteinander verrühren.
2. Mit Salz und Pfeffer abschmecken. Mit LCHF-Brot servieren.

TIPP: Die Eiermayonnaise passt auch gut zu Knäckebrot ebenso auf ein Salatblatt oder ein Stück Spitzpaprika.

E 680 · P 13 · F 67 · K 3

2 PORTIONEN

2 hart gekochte Eier

100 g Mayonnaise

1 TL Sambal Oelek oder Rote Currypaste

½ Stange fein geschnittener Staudensellerie

½ fein geschnittene gelbe Paprika

Salz und Pfeffer

2 Scheiben LCHF-Brot

Eierbutter

mit Schinken

DIE FAMILIE MEINES MANNES kommt gebürtig aus Finnland. Dort isst man gerne Karelische Piroggen mit Eierbutter und geräuchertem Schinken. Die Piroggen sind leider nicht für eine Low Carb-Ernährung zu empfehlen, wohl aber die wirklich gute Eierbutter.

1. Die Eier nicht zu hart kochen und pellen solange sie noch warm sind. Mit einer Gabel zerkleinern, die Zimmertemperatur warme Butter dazugeben und alles zu einer Mousse verrühren. Salzen und pfeffern.
2. Die Mousse auf den geräucherten Schinkenscheiben verteilen und zusammenrollen.

TIPP: Machen Sie gerne die doppelte Menge. Die Rollen halten einige Tage im Kühlschrank. Die Eierbutter passt auch gut zu Suppe. Einfach einen Klecks direkt in die warme Suppe geben.

E 218 · P 12 · F 19 · K 0 · M

2 PORTIONEN

2 Eier

30 g Butter

Salz und Pfeffer

4 Scheiben geräucherter Schinken

Geschirr: „Koka Blå", Design Hertha Bengtsson (Rörstrand, 1967-82). Leinerserviette um 1950.

E 210 | P 19 | F 5 | K 4

20 PORTIONEN

200 g Haselnüsse oder Mandeln

70 g Kokosflocken

180 g Sonnenblumenkerne

40 g Kürbiskerne

35 g Sesam

140 g Leinsamen

60 g Hagebuttenschalenmehl

150 ml Wasser

50 g Kokosöl oder 50 ml kaltgepresstes Rapsöl

E 233 | P 5 | F 22 | K 5

VANILLEJOGHURT
1 PORTION

100 g Joghurt 10% oder Rahmjoghurt

2 EL Sahne

1 Prise Vanillepulver

Knuspriges Körnermüsli

mit Vanillejoghurt

SELBST GEMACHTES MÜSLI IST GOLD WERT. Unter meinen Freunden hat sich dieses Rezept rasend schnell verbreitet und ich werde nicht müde, es immer wieder weiterzugeben.

1. Die Nüsse in einer Küchenmaschine oder mit einem spitzen Messer grob hacken. Alle Zutaten vermischen. Auf einem mit Backpapier ausgelegten Blech ausbreiten.
2. Im Backofen bei 175 Grad rösten. Nüsse und Samen sind allerdings hitzeempfindlich. Kontrollieren Sie nach 15 Minuten und rühren Sie einmal um. Noch mal so lange trocknen lassen, danach die Wärme ausstellen. Mit leicht geöffneter Backofentür weiter trocknen lassen, wenn es notwendig ist.
3. Servieren Sie das Müsli mit dem selbstgemachten Vanillejoghurt.

TIPP: Wenn Sie weder Nüsse noch Mandeln vertragen, können Sie mehr Kürbiskerne nehmen und/oder durch Kokoschips ersetzen, die es in Gesundheitsläden und Reformhäusern gibt. Nehmen Sie eine Handvoll von jedem zusätzlich. Die Hauptsache ist, dass das Verhältnis zwischen den trockenen Zutaten und der Flüssigkeit stimmt. Eine besondere Geschmacksnote erhält das Müsli durch einen Teelöffel Zimt.

Geschirr: Schneidebrett aus Porzellan von Arabia und die Schale „Origo" von Iittala.

Dillpfannkuchen

mit Krabbencreme

WER HAT BEHAUPTET, DASS Frühstückspfannkuchen mit Beeren und Sahne serviert werden müssen? Mandelpfannkuchen mit Dillgeschmack passen perfekt zu Krabbencreme, sowohl zum Frühstück als auch zum Mittagessen.

1. Eier und Sahne in einer Schüssel verquirlen. Den Dill dazugeben.
2. Alle trockenen Zutaten in eine kleine Schüssel füllen und die Eiermasse dazugeben. Gut vermischen und etwa 5 Minuten ruhen lassen.
3. Die Pfannkuchen in einer kleinen Pfanne, etwa 24 cm Durchmesser, bei mittlerer Wärme braten, bis sie goldbraun sind.
4. Vermischen Sie die Krabben mit der Mayonnaise und dem Dill und servieren Sie die Creme zu den Pfannkuchen.

TIPP: Anstatt der Krabbencreme können Sie auch einen Klecks Rahmjoghurt und eine Scheibe geräucherten oder marinierten Lachs nehmen. Schmeckt mindestens genauso gut.

E 578 | P 20 | F 110 | K 2

4 STÜCK

- 3 Eier
- 100 ml Sahne
- 60 g Mandelmehl
- 1 EL feingehackten Dill
- 1 TL Backpulver
- 1 Prise Salz
- 1 EL gemahlene Flohsamenschalen (Fiberhusk)
- 50 g Butter oder Kokosöl zum Braten

KRABBENCREME

- 200 g Krabben im eigenen Saft
- 100 g Mayonnaise
- gehackter Dill

Geschirr: Teller „Victoria", Rörstrand, um 1970. Das Glas und das Teelicht sind von Iittala und der Glasapfel von der Glashütte Åhus, um 1990.

E 780 · P 32 · F 65 · K 10

2 PORTIONEN

4 Eier

250 g körniger Frischkäse

2 EL gemahlene Flohsamenschalen (Fiberhusk)

2 EL Butter oder Kokosöl

BEILAGE

50 – 100 g Blaubeeren, Himbeeren oder Erdbeeren

Rahmjoghurt oder Schlagsahne

Kleine Pfannkuchen

WENN SIE WEDER Nüsse noch Mandeln vertragen, sind diese Pfannkuchen eine gute Alternative. Und wenn Sie keine Allergie haben, sind diese Pfannkuchen mit körnigem Frischkäse einfach phantastisch gut.

1. Vermischen Sie alle Zutaten mit einem Löffel oder einer Gabel in einer Schüssel zu einem Teig. Danach 15 Minuten ruhen lassen.
2. Die Butter bzw. das Öl in einer Pfanne erwärmen, gerne in einer Teflonpfanne, denn die Pfannkuchen kleben schnell fest. Bei mittlerer Hitze etwa 3 – 4 Minuten von jeder Seite braten. Vorsichtig wenden.

TIPP: Hier werden die Pfannkuchen als süße Variante mit Beeren, Joghurt oder Schlagsahne serviert. Doch sie lassen sich auch gut mit etwas Salz zubereiten und mit einigen Scheiben gebratenem Bacon oder selbstgemachter Krabbencreme servieren. Oder probieren Sie eine vegetarische Variante. Ich nehme eine weiche Avocado für zwei Personen, teile ein paar Cocktailtomaten und vermische alles mit einigen Esslöffeln Mayonnaise. Darüber gebe ich noch feingehackte frische Kräuter.

Geschirr: Cremefarbige Untertasse unbekannter Herkunft und die „Fuga-Schale" von Orrefors.

Haselnuss-pfannkuchen

mit Blaubeerkompott

BLAUBEEREN UND PFANNKUCHEN sind wie Ying und Yang. Ein perfektes Team! Besonders gut mit einem Haselnussmehlteig.

1. Verquirlen Sie die Eier mit der Sahne in einer passenden Schüssel. Vermischen Sie die trockenen Zutaten in einer kleinen Schüssel und geben Sie die Eiermischung hinzu. Alles gut vermengen und 5 Minuten ruhen lassen.
2. Die Pfannkuchen in einer kleinen Pfanne mit 24 cm Durchmesser bei mittlerer Hitze braten, bis sie goldbraun sind. Bevor Sie den Pfannkuchen wenden, geben Sie 1 EL Beeren darüber.
3. Die Pfannkuchen mit leicht geschlagener Sahne und passierten Beeren servieren.

TIPP: Wenn Sie einen frischen Geschmack möchten, dann nehmen Sie nur die Hälfte geschlagene Sahne und eine Hälfte Rahmjoghurt mit frisch geriebener Limetten- oder Zitronenschale.

E 470 P 9 F 45 K 2

4 STÜCK

3 Eier

100 ml Sahne

45 g Haselnussmehl

1 TL Zimt

1 TL Backpulver

1 Prise Salz (wenn man möchte)

1 EL gemahlene Flohsamenschalen (Fiberhusk)

60 g Blaubeeren

Butter oder Kokosöl zum Braten

passierte Beeren

150 ml Schlagsahne

Extra! Testen Sie den Teig alternativ mit Kardamom oder Vanillepulver. Dann nehmen Sie nur 1 bis 2 Prisen Zimt anstelle eines Teelöffels. Ich selbst finde die Kombination von Haselnuss und Zimt einfach vortrefflich.

Geschirr: Teller „Uppsala Ekeby". Das rosane Teelicht ist von Ikea. Älteres mit Silber überzogenes Besteck.

E 205 · P 7 · F 20 · K 1 · M

2 PORTIONEN

2 Eier

2 EL Kokosöl

400 ml heißes Wasser

1 Prise Vanillepulver

1 TL Pfefferkuchen-gewürz

Milchfreier Latte

1. Alle Zutaten mit einem Stabmixer verquirlen oder in einen Mixer geben. Direkt servieren.

TIPP: Sind Sie nach warmer Schokolade oder einem richtigen Kaffee Latte süchtig? Dann tauschen Sie die Gewürze gegen 1 Teelöffel Kakao oder Kaffeepulver.

E 335 · P 10 · F 32 · K 4

2 PORTIONEN

2 Eier

3 EL Kokosöl

100 ml Wasser

100 g Joghurt 10%

1 Prise Vanillepulver

50 g Brombeeren, Blaubeeren, Himbeeren oder Erdbeeren, Mango oder Avocado in Stücken

Supersmoothie

SIE HABEN ES MORGENS EILIG? Dann kann ein Smoothie eine gute Alternative sein. Ein milchfreier Smoothie ist einfach zu machen.

1. Alle Zutaten mit einem Stabmixer verquirlen oder in einen Mixer geben. Direkt servieren. Eine Portion können Sie für den nächsten Tag verwahren.
2. Geben Sie als Geschmacksvariante eine Prise Lakritzpulver oder ein Stück dunkle Schokolade hinzu.

TIPP: Milchfreie Smoothie können Sie ganz einfach zubereiten. Tauschen Sie das Wasser und den Joghurt einfach gegen eine Dose Kokosmilch aus.

Ein Apfel bringt uns doch nicht gleich um, oder?

NEIN, DAS MACHT ER NICHT. Genauso wenig wie man von einer Praline stirbt. Es gibt jedoch viele Menschen, vor allem Frauen, die zu viel Obst essen. Alle, die sich nach den Vorgaben der Ernährungspyramide ernähren, benötigen eine Zwischenmahlzeit, um so dem Blutzuckerabfall zu entgehen, der automatisch bei einer kohlenhydratreichen Ernährung mit Brot, Reis, Nudeln und Kartoffeln erfolgt. Daher essen viele Frauen ständig Obst als Zwischenmahlzeit. Denn Obst ist ja gesund, voll mit Vitaminen und auf jeden Fall besser als Kuchen oder Pralinen. Das ist richtig. Doch auch Fruchtzucker ist Zucker und macht genauso süchtig wie weißer Zucker in Kleingebäck oder Schokoladenkuchen.

Früher aß ich jeden Tag zwei oder drei Stücke Obst. Meistens Bananen, Äpfel oder Apfelsinen. Ab und zu dachte ich, dass es nicht gesund ist, jeden Tag so viel importiertes und gespritztes Obst wie Bananen und Apfelsinen zu essen. Doch dabei blieb es. An den langen Arbeitstagen, inklusive der Fahrzeit, meinte ich, zusätzlichen Brennstoff zu benötigen. Jetzt habe ich so gut wie nie Verlangen nach Obst, weil ich keine Zwischenmahlzeit mehr benötige. Stattdessen nehme ich manchmal Obst beim Kochen, um natürliche Süße oder auch etwas Säure zu erhalten. Zum Beispiel gebe ich in einen Eintopf mal ein Stück Apfel hinzu. In den Hähnchensalat von Seite 97 habe ich einen feingehackten Apfel hinzugegeben und in den Muffins auf Seite 134 geben zwei überreife Bananen die nötige Süße.

Gute Sachen in den Einkaufskorb!

1 **BEVORZUGEN SIE ÖKOLOGISCHE WARE.** Ökologische Produkte sind in der Regel besser als herkömmliche. Sie haben eine höhere Qualität und sind reiner. Das wissen wir alle. Doch ich finde, wir sollten nicht fanatisch sein – nicht alle haben genügend Geld, um sich schier alles in ökologischer Qualität leisten zu können. Auch nicht ökologische Lebensmittel können von richtig guter Qualität und somit eine sehr gute Alternative sein. Besonders, wenn es sich um regionale Waren handelt oder Sie direkt in einem Hofladen einkaufen können. Wenn ich zwischen frisch geerntetem Brokkoli von einem lokalen Anbieter oder halbverwelktem ökologischen Brokkoli, der aus Italien importiert wurde, entscheiden müsste, würde ich den lokalen Brokkoli bevorzugen.

2 **WÄHLEN SIE VOLLFETTE MILCHPRODUKTE.** Umso fetter, desto besser. Es geht nicht nur darum, dass Fett besser sättigt und den Geschmack verbessert, wenn Sie kochen. Vollfette Milchprodukte sind reiner und haltbarer als magere. Das trifft auf Milch, Sahne und Joghurt wie auf alle anderen Milchprodukte zu.
Wenn ich in den Rezepten Sahne schreibe, meine ich immer die richtige frische Schlagsahne, die viel Fett und keine Zusätze enthält und nichts anderes. Dasselbe trifft für den türkischen und griechischen Joghurt zu. Dieser sollte immer 10 Prozent Fett enthalten.
Passen Sie beim Kauf von Sahne generell gut auf. Die meiste Sahne enthält den Stabilisator Carrageen (E407).

3 **KAUFEN SIE EINHEIMISCHE WARE.** Nichts gegen niederländische oder polnische Bauern. Doch ich kaufe lieber einheimische Produkte, soweit es möglich ist. Das trifft auf Fleisch, Milchprodukte, Eier und Käse mit Ausnahme von qualitätsgesicherten Lebensmitteln wie Parmesankäse, französischen Camembert und anderen Köstlichkeiten zu. Und das gilt auch besonders für Gemüse.

"Je weniger Spezialprodukte, desto einfacher ist es, Essen zu kochen."

Wenn es einheimischen Blumenkohl gibt – dann esse ich öfters Kohl, als wenn ich auf importierten angewiesen bin. Ebenso bei Tomaten, Gurken und Salat. Dass es keine einheimischen Avocados gibt, ist eine andere Geschichte. Wenn man etwas Ausschau hält, kann man meistens gute einheimische Produkte kaufen. Ich finde es schade, dass es beim Obst und Gemüse so viel importierte Ware gibt. Denken Sie alleine an die Zeit, wenn es einheimische Äpfel gibt. Dann sind die Geschäfte trotzdem voll von importierten Äpfeln.

4 **FÜLLEN SIE IHRE SPEISEKAMMER AUF!** Es gibt ein paar gute Spezialprodukte, die schwer zu ersetzen sind, wenn man Essen mit wenig Kohlenhydraten zubereitet. Ansonsten denke ich, je weniger Spezialprodukte, umso einfacher wird es mit dem Kochen. Mein LCHF-Schrank beinhaltet im Prinzip nur Nüsse, Körner, Mehl, Ballaststoffe und Öle. Und die ein oder andere dunkle Schokolade ohne Sojalecithin.
Ich denke, Mandeln, Haselnüsse und Walnüsse sind am besten. Es sind gute Fettquellen, die ich oft im Angebot in meinem Lebensmittelgeschäft kaufen kann. Erdnüsse und Cashewkerne enthalten zu viele Kohlenhydrate, daher verzichte ich lieber auf sie. Paranüsse hingegen kaufe ich gerne. Achten Sie nach Weihnachten auf die Angebote.
Ich nehme auch eine Menge Körner. Ganze Leinsamen, Sonnenblumenkerne, Sesam, Kürbis- und Melonenkerne. Ich nutze sie hauptsächlich, wenn ich Müsli, Knäckebrot und Brot zubereite. Auch habe ich verschiedene Sorten von Nussmehlen. Meistens nehme ich Mandel- und Haselnussmehl – für Quiche, Pfannkuchen oder einzelne Backwerke. Sowohl Mandel- als auch Haselnussmehl lässt sich gut selbst herstellen. Ich benutze dazu eine gewöhnliche Mühle oder einen Mixer. Wenn Sie viel backen, sollten Sie auch Kokosnuss- und Sesammehl vorrätig haben. Fast unentbehrlich sind verschiedene glutenfreie Ballaststoffe. Flohsamenschalen bestehen zu 85 Prozent aus Ballaststoffen, enthalten

keine Kohlenhydrate und sind ein Muss, wenn man ohne Mehl backen möchte. Pofiber besteht aus glutenfreien Kartoffelfasern, es enthält 70 Prozent Ballaststoffe, 12 Prozent Kohlenhydrate und kann gut zum Panieren und für Frikadellen genommen werden. Grobe Weizenkleie enthält 45 Prozent Ballaststoffe und 17 Prozent Kohlenhydrate. Weizenkleie entsteht aus den beim Mahlen des Weizenkorns abgetrennten Bestandteilen der Frucht- und Samenschalen und enthält in der Regel kein Gluten. Wenn Sie jedoch glutenintolerant sind, sollten Sie auf Weizenkleie verzichten.

5 **DIE WICHTIGEN FETTE.** Ökologisches Kokosfett, sowohl mit als auch ohne Geschmack, ist ein Muss. Am besten anzuwenden ist ein geschmacks- und geruchsneutrales Kokosfett – das nennt man desodoriert. Dann pflege ich große Flaschen kaltgepresstes Rapsöl zum Kochen und Backen zu kaufen, gutes Olivenöl für Dressings und normales neutrales Rapsöl für Mayonnaise. Gesalzene Butter steht auch immer in meinem Kühlschrank. Margarine dagegen habe ich verbannt.

6 **ZU GUTER LETZT.** Künstliche Süßstoffe wie Aspartam benutze ich nicht. Auch nicht die angeblich LCHF-konformen Süßstoffe wie Stevia, ungeachtet dessen, wie natürlich sie sind. Ich habe jedoch immer ein Glas mit flüssigem Honig im Schrank stehen, das ein ganzes Jahr reicht. Echtes Vanillepulver ist unschlagbar, wenn die natürliche Süße hervorgehoben werden soll. Genauso wie Lakritzpulver, Zimt und Kardamom.

Classico
VANILJPULVER
SARDINES
À L'ANCIENNE
au Citron
CONNÉTABLE
+20% GRATUIT
+20% GRATUIT
09 2015-25511/009
SARDINES
À L'ANCIENNE
au Citron
CONNÉTABLE
+20% GRATUIT
+20% GRATUIT

Ganz einfach. Sie können mit ganz normalen Lebensmitteln die besten Gerichte mit nur wenigen Kohlenhydraten kochen.

Kurz und knapp

über eine kohlenhydratreduzierte Ernährung

Es gibt genug Bücher mit Fakten über eine kohlenhydratreduzierte Ernährung. „Aus Liebe zum Essen“ ist jedoch kein Faktenbuch! Gerade zu Beginn der Ernährungsumstellung kamen einige Fragen auf, die mich sehr beschäftigten. Die Antworten sind sehr interessant, ganz egal, ob Sie gerade erst mit dieser Ernährung gestartet oder schon etwas länger dabei sind. Manchmal ist es ganz gut, sein Wissen aufzufrischen und an den Argumenten zu feilen. Zum Schluss sind das nun meine besten Tipps aus den Fachbüchern zur Ernährung und Gesundheit.

IST LCHF EINE NEUE ERFINDUNG?

Nein, LCHF baut auf klassische Diäten wie Atkins, GI und Steinzeiternährung auf, sie ist 2006 in Schweden erfunden worden. LCHF steht für Low Carb High Fat (wenig Kohlenhydrate und viel Fett). Das bedeutet nur wenige Kohlenhydrate und dafür mehr natürliche Fette. Die Proteinmenge hingegen bleibt unverändert.

WARUM SOLL MAN MIT KOHLENHYDRATEN KNAUSERN?

Um vielen Wohlstandserkrankungen aus dem Weg zu gehen, die eng mit Kohlenhydraten verbunden sind, wie Diabetes, Adipositas und Herz-Kreislauferkrankungen. Der menschliche Körper ist seit Urzeiten an eine kohlenhydratarme Ernährung angepasst. Viele Frauen und Männer nehmen ab, sobald sie Zucker und Stärke in ihrer Ernährung weglassen oder minimieren.

WIE VIELE KOHLENHYDRATE?

5 – 30 Energieprozente der täglichen Kalorienzufuhr können aus Kohlenhydraten bestehen, je nachdem, wie strikt man essen möchte. Die Ernährungsberaterin und Autorin Anna Hallén hat eine einfache Rechenmethode: Ballen Sie Ihre Faust. So groß sollte der Eiweißanteil auf ihrem Teller sein. Genauso groß sollte auch die Gemüseportion sein, natürlich nur Gemüse, welches über der Erde wächst. Machen Sie dann eine hohle Hand. Die Menge, die dort hineinpasst, entspricht dem Fettanteil – Mayonnaise, Sahne, Crème fraîche oder Käse.

WARUM SOLLEN WIR FETT ESSEN?

Fett stellt einen optimalen Brennstoff für den Körper dar. Man kann theoretisch in natürlichem Fett schwelgen – Sahne, Butter, Olivenöl und Fleisch oder fettem Fisch. Dadurch, dass Fett sehr gut sättigt, essen die meisten nur mäßig viel Fett.

STELLT CHOLESTERIN KEINE GEFAHR FÜR HERZ UND BLUTGEFÄSSE DAR?

Es ist ein Mythos, dass Cholesterin unserem Körper schadet. Ernährt man sich nach LCHF, so sorgen die natürlichen Fette wie Butter, Nüsse oder fetter Fisch für eine gute Balance zwischen dem „guten“ und „schlechten“ Cholesterin. Ein hoher Wert des „guten“ Cholesterins, HDL, bedeutet ein geringeres Risiko für Herzerkrankungen.

WAS KANN MAN ESSEN?

Fleisch, Fisch, Eier, Gemüse, welches über der Erde wächst und natürliche Fette wie Butter und Kokosöl. Kaltgepresstes Oliven- und Rapsöl ist auch gut.

WAS SOLL MAN NICHT ESSEN?

Zucker und schnell verwertbare Kohlenhydrate. Alle Kohlenhydrate werden in Zucker umgewandelt, überschüssiger Zucker in Fett. Vermeiden Sie deswegen Lebensmittel mit viel Stärke wie Brot, Getreide, Nudeln, Reis und Kartoffeln. Das gilt auch für Bohnen, Linsen, Mais und Getreide wie Quinoa und Bulgur/Couscous. Lassen Sie die Finger von Margarine und Pflanzenölen wie Maiskeim-, Sonnenblumen- und Erdnussöl. Diese beinhalten zu viele Omega-6-Fettsäuren, die Entzündungen fördern.

WELCHE SORTE FLEISCH UND FISCH?

Rind-, Schweine- und Lammfleisch, Wild und Hähnchen. Gerne ökologische Qualität und von Tieren, die artgerecht gehalten werden. Schneiden Sie den Fettrand nicht ab und essen Sie die Haut vom Hähnchen mit. Bevorzugen Sie fetten Fisch wie wildgefangenen Lachs, Hering und Makrele.

WARUM NUR GEMÜSE, WELCHES ÜBER DER ERDE WÄCHST?

Weil es weniger Kohlenhydrate als zum Beispiel Wurzelgemüse enthält. Essen Sie Blumenkohl, Brokkoli, Weißkohl, Rosenkohl, Spargel, Zucchini, Auberginen, Oliven, Spinat, Pilze, Gurke, grünen Salat, Avocado, Paprika, Tomaten und vieles mehr. Zwiebeln, Lauch und Knoblauch sind auch in Ordnung, weil sie sehr gesund sind.

WELCHE MILCHPRODUKTE KANN MAN ESSEN?

Butter, Schlagsahne, Crème fraîche und fette Käsesorten. Fetten griechischen oder türkischen Joghurt, die fetter als herkömmlicher Joghurt sind. Seien Sie mit Milch und Sauermilch vorsichtig, beide Produkte enthalten viel Milchzucker. Nehmen Sie Abstand von aromatisierten und zuckerreichen oder Light-Varianten.

SIND VOLLKORNPRODUKTE UND WURZELGEMÜSE NICHT GESUND?
Vollkornprodukte enthalten weniger Kohlenhydrate als weißes Mehl und sorgen somit für weniger starke Blutzuckerschwankungen. Dasselbe gilt für Wurzelgemüse, das in kleinen Mengen aber okay ist. Vollkorn kann jedoch Darmprobleme und eine verminderte Nährstoffaufnahme auslösen.

IST OBST NICHT GUT UND GESUND?
Obst enthält viel Fruchtzucker. Fruktose ist die Zuckerart, die sehr schnell zu gesättigtem Fett umgewandelt und im Körper eingelagert wird. Wenn Sie abnehmen möchten, sollten Sie Obst nicht öfter als Süßigkeiten essen, also sehr selten.

WIE NEHME ICH VITAMINE ZU MIR?
Eier enthalten, bis auf Vitamin C, alle Vitamine, die Sie benötigen. Vitamin C nehmen Sie durch Paprika, Brokkoli und Petersilie zu sich, sogar in einer größeren Menge, als in einer Apfelsine enthalten ist.

WAS KANN ICH IN DER KAFFEPAUSE ESSEN?
Das schönste an LCHF ist, dass das Bedürfnis, zwischendurch etwas essen zu wollen, schwindet. Doch wenn Sie sich etwas Schönes zwischendurch gönnen möchten, sind kleine Mengen Nüsse oder Beeren gut. Selbst ein kleines Stück Schokolade, Kakaoanteil mindestens 80 Prozent, ist ab und an in Ordnung. Ebenso ein Stück würziger Käse wie Parmesan oder mittelalter Gouda.

WAS KANN ICH TRINKEN?
Tee oder Kaffee zum Frühstück. Wasser zu den Mahlzeiten. Keine Milch. Keinen Kaffee-Latte, gerne jedoch einen Schuss Sahne im Kaffee. Vermeiden Sie Saft, Softdrinks und Limonaden, die enthalten sehr viel Zucker. Dasselbe gilt für Fruchtgetränke, Smoothies und Trinkjoghurt. Natürlich auch keine Light-Getränke, die triggern nur das Hungergefühl.

DARF MAN ALKOHOL TRINKEN?
Bier ist flüssiges Brot, also auf jeden Fall tabu. Ein einzelnes Glas trockener Weiß- oder Rotwein ist in Ordnung, genauso wie Schnaps.

Doch seien Sie vorsichtig, Alkohol stellt eine Belastung für die Leber bei der Fettverbrennung dar.

WAS KANN ICH ZUM FRÜHSTÜCK ESSEN?
Viele essen Eier und Speck. Besser sind Omelett und LCHF-Pfannkuchen. Oder fetter Joghurt mit Beeren. Ebenso sind Essenreste vom Vortag ein guter Start in den neuen Tag.

SIND LIGHT-PRODUKTE NICHT GUT?
Die LCHF-Ernährung setzt auf natürliche Lebensmittel ohne künstliche Zusätze. Produkte mit künstlichen Aromen und Süßstoffen sind nicht gesund.

WAS VERBINDET LCHF UND GI?
Bei der GI-Methode werden zu Beginn ebenfalls die Kohlenhydrate reduziert, genau wie bei LCHF. Doch bei der GI-Methode geht es hauptsächlich darum, die langsam verwertbaren den schnell verwertbaren Kohlenhydraten vorzuziehen. Bei der GI-Ernährung dürfen auch Hülsenfrüchte und Gluten gegessen werden, was bei LCHF tabu ist.

WARUM IST FÜR EINIGE DIE LCHF-ERNÄHRUNG SO SEHR UMSTRITTEN?
Einige Ärzte und Diätberater sind sehr skeptisch. Genauso wie das schwedische Lebensmittelwerk (entspricht der DGE = Deutsche Gesellschaft für Ernährung). Doch nun wurde eine Ernährung mit weniger Kohlenhydraten vom Ministerium für die Behandlung für Typ-2-Diabetiker und Übergewichtige anerkannt.

WAS PASSIERT DURCH DIE LCHF-ERNÄHRUNG MIT DEM KÖRPER?
Man hat keine großen Blutzuckerschwankungen und kein hohes Insulinniveau. Das hat meistens einen sehr positiven Effekt auf Gewicht, Schmerzen und Stress. Der Blutzucker sinkt. So können Diabetiker Tabletten einsparen und Übergewichtige verlieren schnell Gewicht. Auch wird das gesundheitsgefährdende Bauchfett abgebaut.

Zum Schluss weitere Lesetipps und Buchempfehlungen

IM GEGENSATZ ZU SCHWEDEN HAT DER DEUTSCHSPRACHIGE BUCH- UND ZEITSCHRIFTENMARKT NUR WENIG FACHLITERATUR IN BEZUG AUF LCHF ZU BIETEN.

Das **LOW CARB – LCHF MAGAZIN** ist die erste deutsche Fachzeitschrift für den Bereich einer gesunden Ernährung mit wenigen Kohlenhydraten und mehr gesunden Fetten. Seit 2014 erscheint das Magazin als Printausgabe und besticht durch viele Informationen, Wissenswertes, Erfolgsgeschichten und Rezepte.

Im Januar 2015 ist das **LCHF KOCHMAGAZIN FÜR EINSTEIGER UND ERFAHRENE GENIESSER** erschienen, ein Standardwerk für alle Liebhaber der Low Carb-Küche. In lockeren Abständen erscheinen die **LOW CARB – LCHF KOCHJOURNALE**, in 2015 unter dem Motto der vier Jahreszeiten. 2016 folgen weitere Themenhefte. Im Dezember 2015 erscheint in einer neuen Serie das erste Dr. Almond Rezeptheft.

Der Schwede Mats Lindgren erzählt in dem Buch **„Gesund durch die richtige Ernährung“** seine persönliche und eindrucksvolle Geschichte mit der LCHF-Ernährung. Ein Buch für alle, denen das bestehende Gesundheitssystem nicht die erhoffte Hilfe gibt und diejenigen, die eine gesunde Ernährung ausprobieren möchten und etwas Inspiration benötigen. Erschienen 2014 im Verlag Expert Fachmedien GmbH, Düsseldorf.

Sie möchten nur ein einziges Fachbuch lesen? – Dann sollte es die **„KÖSTLICHE REVOLUTION“** von „Kostdoktor“ Dr. Andreas Eenfeldt sein. Ein leicht zu lesender Klassiker, der vielen gesundheitsinteressierten Menschen die Augen geöffnet hat, nicht nur in Schweden. Das Buch ist 2013 im Ennstahler Verlag erschienen und wurde von Gunnela und Robert Schönauer, Gmunden/Österreich, übersetzt.

Sie möchten nur ein einziges Fachbuch lesen? – Dann sollte es die „Köstliche Revolution" sein.

LCHF
HOPPA IN I TOPPFORMEN!
Succé med rätt förrätt!
INSIKT BOTA SOCKERSUGET! UTBLICK ARGANOLJANS SEGERTÅG
TV:S ANNE LUNDBERG
BÄSTA MULIVITAMINET
PIA BYTTE TILL LCHF:
"MIN OBOTLIGA MAGSJUKDOM FÖRSVANN!"
FETA FAKTA OM KOKOS STRESS SKAFFA DIG MENTAL KONDIS
VERONIQUE
matkärlek

Vielen Dank!

AN DIESER STELLE MÖCHTE ICH DANKE an alle sagen, die an mich geglaubt haben und dazu beigetragen haben, dass dieses Buch Wirklichkeit werden konnte. Meinem Verlag, meinen Töchtern, Verwandten, Freunden, dem Pagina Verlag und meinen Kollegen von Mediavänner, wo ich heute Chefredakteurin der Zeitschrift „Matkärlek“ bin.

Ohne Eure Unterstützung und Euren Enthusiasmus wäre ich nie auf die Idee gekommen, dieses Projekt in Angriff zu nehmen. Einen besonderen Dank richte ich auch an die Firma Herbaria, die mir die ökologischen Kräuter gesponsert hat.

Am meisten danken möchte ich denjenigen, die dieses Buch gerade in ihrer Hand halten. Sie und Ihr Glaube an eine gute Ernährung und Gesundheit liegen mir am meisten am Herzen. Eine große Dankbarkeit empfinde ich gegenüber allen wundervollen Lesern, Facebookfans und anderen, die mich unterstützt haben und mit denen ich in meiner Zeit als Redakteurin für die Zeitschrift „Mat och Hälsa“ (Ernährung und Gesundheit) in Kontakt gekommen bin. Denn es war eigentlich ein Leserbrief, der die ersten Samen für das Buch „Matkärlek“ (Aus Liebe zum Essen) säte und dafür gesorgt hat, dass die gleichnamige Zeitschrift im Frühjahr 2015 Wirklichkeit wurde.

Nicht zuletzt möchte ich der perfekten Fotografin Emma Shevtzoff danken, ihre Bilder haben meine Erwartungen bei Weitem übertroffen. Ohne sie hätte es kein Buch gegeben.

PS: Wie Sie vielleicht bemerkt haben, gilt mein großes Interesse nicht nur der Ernährung, sondern auch dem Sammeln von erlesenem Geschirr, Gläsern, Bestecken und Porzellan. Alle Requisiten in diesem Buch habe ich in den letzten Jahren auf dem Trödelmarkt gefunden. Einige davon haben Seltenheitswert.

Liebe Anne,

HERZLICHEN DANK FÜR DEIN VERTRAUEN. Als wir Dein wunderbares Kochbuch „Matkärlek" im letzten Jahr in Schweden gekauft haben, konnten wir uns nicht vorstellen, dass wir es eines Tages in Deutschland herausgeben würden.

Umso mehr haben wir uns gefreut, als wir Deine Anfrage erhielten, ob wir Dein Buch übersetzen möchten. Vielen Dank an Ivan Wase vom Pagina Förlag für eine schnelle, unkomplizierte Abwicklung und Zusammenarbeit!

Unser besonderer Dank gilt all denen, die unermüdlich Korrektur gelesen und dieses deutschsprachige Buch überhaupt erst ermöglicht haben.

Ein herzliches Dankeschön auch an unseren Kooperationspartner, die Expert Fachmedien GmbH in Düsseldorf, die in dem Bereich Gesundheit und Ernährung großes Potential sieht. Es ist für uns ein Geschenk, das ganze Know-how dieses Verlages nutzen zu dürfen.

Dieses Buch, das **Low Carb – LCHF Magazin für Gesundheit und ketogene Ernährung** oder die **Low Carb – LCHF Kochjournale** sollen Interessierten den Einstieg in einen gesunden Lebensstil erleichtern. Zahlreiche Informationen erwarten Sie zusätzlich auf unserer Homepage **www.LCHF-Deutschland.de** und auf unseren Facebookseiten.

Seit September 2015 gibt es in Zusammenarbeit mit Monika und Samir Charrak das **„LCHF Körnerwunder"**. Diese und viele andere Low Carb-Brotbackmischungen finden Sie hier: **www.dr-almond.com**

Sie sind an einem **Online-Coaching** interessiert oder möchten sich zum **„Ganzheitlichen Gesundheits- und Ernährungscoach Low Carb – LCHF – Paleo"** ausbilden lassen? Dann freuen wir uns über Ihre E-Mail an: info@lchf-deutschland.de.

Margret Ache und Iris Jansen
LCHF Deutschland
Dezember 2015

Register

Rezepte